AF589915

ESSAI DE RÉFORME

DE LA PROCÉDURE

DE CONTRIBUTION JUDICIAIRE

VERSAILLES. — IMPRIMERIE DE AUG. MONTALANT.

ESSAI DE RÉFORME

DE LA

PROCÉDURE

DE

CONTRIBUTION JUDICIAIRE

PAR

M. V. BOURSY

Juge suppléant au Tribunal Civil de Versailles.

PARIS

AUGUSTE DURAND, LIBRAIRE-EDITEUR

Rue des Grès, 7.

1862

ESSAI DE RÉFORME

DE LA PROCÉDURE

DE CONTRIBUTION JUDICIAIRE

PREMIÈRE PARTIE

Depuis longtemps l'opinion publique se préoccupe de réformes nombreuses à apporter dans le Code de procédure civile; on se plaint avec raison que les formalités et les frais dont il est embarrassé ne sont plus d'accord avec les besoins d'activité et d'économie qui prennent de jour en jour plus de place dans nos mœurs; on lui reproche de rendre les capitaux craintifs par sa marche lente et dispendieuse, et d'entraver ainsi l'essor du crédit public.

Déjà des concessions importantes ont été faites à cet esprit de réformes : la loi de 1841 sur les ventes judiciaires d'immeubles, celle du 24 mai 1842, relative à la saisie des rentes constituées sur des particuliers, et celle de 1858 sur les ordres. ont satisfait, sans doute, les plus graves des réclamations soulevées : mais il reste encore beaucoup à faire sur d'autres sujets.

De toutes les matières que règle le Code de procédure, aucune ne demande peut-être plus vivement l'attention du législateur, que celle sur les contributions judiciaires. Il devient en effet indispensable d'apporter dans cette partie du Code des changements identiques à ceux dont on a compris la nécessité pour les ordres. Ce besoin universellement reconnu a été constaté dans le rapport que M. Riché a présenté au Corps-Législatif, sur la loi du 21 mai 1858 : « Le projet de loi, » disait-il, « a été accueilli avec un sen-
» timent de satisfaction et de gratitude, non-seulement comme
» progrès, mais comme promesse ; on y a vu le signal de réformes

» plus étendues dans la procédure civile..... Le projet actuel sur » les ordres appelle une loi analogue sur la distribution du prix » des ventes mobilières et sur la saisie-arrêt. »

Et en effet, si la procédure de contribution, que nous a donnée le Code de 1806, était un progrès immense sur l'état de choses existant auparavant, il est cependant certain que n'ayant su se débarrasser complétement des formes de l'ancien régime, elle ne répondait pas encore aux besoins qu'elle était appelée à satisfaire. Le Tribunat l'avait compris, et les modifications importantes qu'il a proposées, lors de la discussion du Code, indiquent que l'on sentait déjà toute l'imperfection de la loi.

On comprend, dès-lors, que ce qui en 1806 paraissait une œuvre incomplète, puisse être aujourd'hui l'objet des réclamations les plus vives. Il semble en effet que sous bien des points de vue la procédure actuelle laisse à désirer; d'abord elle est embarrassée de lenteurs excessives, et donne lieu à des frais considérables. De plus elle soulève des questions très importantes sur lesquelles la jurisprudence hésite encore, et qui demandent une solution.

Tels sont les griefs principaux qu'on lui peut opposer, et qui sont, je pense, assez graves pour qu'on doive chercher une solution meilleure. C'est cette pensée à laquelle j'ai voulu répondre, autant qu'il m'a été possible, en présentant quelques observations sur cette matière, et en essayant d'esquisser les réformes dont elle me semble susceptible.

Je vais donc tout d'abord étudier les formalités diverses exigées par la législation actuelle, en démontrant, d'ailleurs avec toute la déférence que l'on doit à la loi, quels sont les inconvénients que l'on peut lui reprocher. J'examinerai ensuite comment pourrait être obtenue une amélioration sur ce sujet important.

—

CHAPITRE Ier

DES LENTEURS DE LA PROCÉDURE.

La procédure de contribution est entravée par des lenteurs considérables qui me semblent provenir, d'abord du temps accordé par la loi pour le dépôt à la Caisse des consignations de la somme à distribuer, et ensuite des délais fixés pour la procédure de contribution elle-même.

Chacun de ces points demande un examen.

§ 1er. — *Délais accordés pour le dépôt.*

Pour qu'une somme soit déposée par un officier public ou un tiers-saisi à la Caisse des consignations, aux termes des art. 656 et 657, il faut d'abord que, dans le mois, les créanciers opposants et le saisi n'aient pu parvenir à s'entendre sur la distribution amiable; l'art. 657 et l'ordonnance du 3 juillet 1816, art. 8, accordent encore huit jours pour le dépôt après l'expiration de ce mois, faute de représentation d'un réglement amiable; enfin le même art. 657 prescrit la justification d'une taxe régulière des frais que le déposant est autorisé à retenir sur la somme à déposer.

Le rédacteur du Code, voulant faire comprendre que la loi désirait surtout des réglements amiables, a dit que les créanciers et le saisi *seraient tenus* de s'accorder sur la distribution, et, dans ce but, il leur a accordé un mois tout entier. Mais n'est-il pas permis de penser que ce délai est réellement trop long? le débiteur, qui va être vendu, n'avait-il pas tout le temps avant la vente pour voir ses créanciers, et essayer un arrangement, s'il était possible? S'il ne l'a pas obtenu avant la vente, comment peut-il l'espérer après, alors que le gage est réalisé, souvent à perte; lorsque le saisi s'est laissé exproprier, c'est qu'il avait trop de créanciers pour pouvoir se tirer d'embarras, c'est une déconfiture complète qui l'atteint, et il n'y a plus souvent d'autre actif à espérer pour les créanciers.

Si ceux-ci ne s'entendent pas immédiatement, ils ne pourront sans doute y réussir jamais, et dès-lors il n'est pas besoin de leur laisser un mois entier à cet effet. Une première réunion leur suffira, et si l'affaire tourne en longueur, presque à coup sûr elle n'aboutira pas. Plus de créanciers se présenteront, et moins on aura de chances de succès. N'y en aurait-il qu'un seul qui se refusât à un accord, pour intimider les autres et obtenir son remboursement, que toutes les tentatives faites deviendraient inutiles, et que le temps employé à cette conciliation serait perdu.

Ce délai d'un mois est donc trop long, d'autant plus qu'il faut encore y ajouter les huit jours accordés à l'officier public pour déposer, lesquels ne sont généralement pas observés.

Les inconvénients de ces lenteurs sont nombreux : ils ont été déjà signalés lors de la discussion du Code. « Il peut se faire, » disait M. Defermon, à la séance du Conseil-d'État du 8 prairial an XIII, « que les huissiers ne présentent pas toujours les garan-« ties suffisantes pour leur laisser les fonds pendant un mois. » Lorsque M. Treilhard répondait que les huissiers ne garderont les fonds que lorsque les parties n'y verront pas d'inconvénients, il me semble qu'il se trompait : car il faut, pour que l'officier public se dessaisisse du produit de la vente lorsqu'il a des oppositions entre les mains, qu'on lui justifie d'un accord, et si les intéressés ne se sont pas entendus, il ne peut être contraint à déposer avant l'expiration des trente-huit jours que la loi lui accorde.

L'objection subsiste donc à mon avis tout entière, et elle est sérieuse. En effet, en parcourant le cercle des hypothèses possibles qu'elle comporte, n'est-il pas permis de supposer que l'officier public se servira peut-être des fonds qu'il a entre les mains pour spéculer pour son propre compte, et bénéficier sur les intérêts, et dès-lors qu'il cherchera à les garder le plus longtemps possible.

Peut-être il aura contrevenu à ses règles professionnelles en vendant à terme ce qui devait l'être au comptant, ou bien il aura laissé du temps aux acheteurs pour se libérer.

Ne peut-on pas craindre encore que par calcul il ne retarde le dépôt autant que possible, pour permettre aux créanciers de se mettre d'accord et en profiter lui-même, pour ne pas faire taxer ses frais, et même retirer des honoraires supplémentaires ?

Enfin, ne peut-on pas, par impossible, croire à la mauvaise foi ? Dès que toutes ces suppositions peuvent se réaliser, il me semble que, dans l'intérêt même des officiers ministériels, il est nécessaire d'y mettre obstacle.

La Cour d'Agen, consultée sur le projet du Code de procédure, et voyant le danger de laisser ces fonds trop longtemps entre les mains des tiers, avait émis l'avis que l'huissier qui serait en retard pour déposer, serait condamné à l'amende. Cette proposition n'a pas eu de suite, sur l'observation qui fut faite qu'il serait toujours possible de réclamer des dommages-intérêts. Mais il me semble que cette raison n'est pas concluante. Car les dommages-intérêts ne pourront représenter que la perte des intérêts, et, pour une somme souvent minime, il est peu probable que les huissiers en retard aient jamais un procès à soutenir.

L'ordonnance de 1816 qui leur fait encourir la destitution en cas d'abus signalé, est certainement plus efficace, mais elle est d'une application bien difficile. Pour obvier à cet inconvénient sérieux, il me semble qu'on pourrait d'abord, et sans préjudice des dispositions de l'ordonnance de 1816, forcer les détenteurs à consigner dans un délai beaucoup plus court.

D'un autre côté, l'art. 657 les autorise à retenir leurs frais sur la somme déposée, en justifiant de la taxe.

Cette disposition est souvent méconnue; les frais sont toujours prélevés, mais la taxe n'est pas fournie. Il en résulte que, d'une part, ces frais sont quelquefois exagérés, susceptibles de réduction, et que, par conséquent, une restitution est nécessaire: ensuite, que si la taxe n'est pas justifiée au moment du dépôt, elle doit être requise plus tard, avant la réquisition d'ouverture, ou pendant la procédure de contribution, encore même le juge est-il obligé souvent de l'exiger impérativement, et il en résulte des lenteurs nouvelles, lorsqu'on aurait pu la demander pendant les trente-huit jours accordés par la loi avant le dépôt.

Mais ce ne sont là que des lenteurs étrangères à la contribution elle-même; abordons cette seconde question.

—

§ 2. — *Lenteurs de la procédure de Contribution.*

Si l'on étudie la procédure de contribution, on voit qu'elle n'est elle-même qu'une suite de longs délais qui pourraient avec avantage être diminués.

Ainsi, en prenant pour base les chiffres les plus modérés, afin de rester en dessous de la vérité, et en examinant chacune des formalités qui la composent, on trouve, après que l'avoué poursuivant a obtenu de la Caisse les états d'oppositions et le certificat des sommes à distribuer, qu'il faut au moins :

1° Pour requérir la nomination du juge-commissaire, faire signer l'ouverture de la contribution et faire les sommations. *15 jours.*

2° Pour les productions, art. 660.................. *1 mois.*

3° Pour la rédaction du réglement provisoire, sa transcription au greffe et la dénonciation...................... *15 jours.*

4° Pour les contredits, art. 663................. *15 jours.*

5° Pour préparer le réglement définitif, taxer les frais, calculer les dividendes, et faire vérifier à la Caisse les intérêts de la somme déposée...................................... *15 jours.*

6° Enfin, pour l'affirmation des créances, levée des bordereaux, des extraits, des certificats de non-appel, et pour l'enregistrement du réglement définitif........................... *15 jours.*

Ainsi, en calculant aussi modérément que possible, et en raisonnant dans l'hypothèse où la contribution ne présenterait d'abord aucune difficulté, et ensuite où toutes les formalités seraient remplies sans aucune interruption et sans retard, on arrive au chiffre minimum de *3 mois* 1/2.

Et si l'on veut remonter au jour de la vente, et ajouter 1 mois et 8 jours pour le dépôt, 15 jours pour la délivrance, par la Caisse, des états d'oppositions et certificats de sommes exigés pour l'ouverture de la contribution, et enfin 15 jours au moins pour le paiement des dividendes, on trouvera que *près de 6 mois* sont nécessaires pour la distribution de deniers la plus simple et la plus rapide.

Mais je n'ai pas parlé :

1° Des cas où il y aurait eu lieu de régler des concurrences entre avoués pour la poursuite;

2° D'un grand nombre de créanciers à sommer, de leur éloignement, lorsqu'il est nécessaire de leur faire des significations à domicile réel; du travail plus considérable qui en résulte pour mettre la procédure en état :

3° De la complication souvent très grande du réglement provisoire, qui peut soulever des questions délicates, et nécessiter une étude spéciale tant de la part du poursuivant que du juge-commissaire;

4° Des dires insérés sur le procès-verbal. qui n'ayant pas toujours pour effet d'entraîner un renvoi à l'audience, sont cependant des causes constantes de retards;

5° Des incidents soulevés;

6° Des lenteurs apportées par les créanciers dans leur affirmation;

7° Des retards mis dans l'enregistrement du réglement définitif, et aux greffes pour la transcription des réglements et les expéditions des bordereaux et autres pièces;

8° Des vacances qui, survenant au milieu de la procédure, occasionnent une interruption de près de trois mois: car à la fin de l'année judiciaire, comme à la rentrée, les avoués s'occupent plus spécialement des affaires urgentes, et laissent de côté celles qui n'ont pas autant ce caractère;

9° Des dossiers de frais à taxer par le juge-commissaire, que celui-ci est souvent obligé d'attendre longtemps, et du travail quelquefois considérable que cette taxe lui donne;

10° Enfin, il faut le dire, de la négligence des avoués, des erreurs commises, des oublis où tombent facilement ces sortes de procédures, par la raison même qu'elles durent longtemps.

Voilà plus de motifs qu'il n'en faut pour qu'on ne soit pas étonné de voir comment les contributions ont une aussi longue durée. Il en résulte que le créancier, qui a produit, ne sait quand il touchera son dividende, et le débiteur, quand sera finie la liquidation de son actif. C'est là pour tous un inconvénient sérieux, auquel il serait nécessaire de remédier.

—

CHAPITRE II

DES FRAIS

La procédure de contribution donne lieu à des frais beaucoup trop considérables, dont on ne peut se faire une idée complète, que si l'on reprend une à une toutes les formalités qu'elle exige, et dont plusieurs pourraient être supprimées sans le moindre préjudice.

Permis de sommer. Cet acte a été, dès l'origine, attaqué par le Tribunat et par quelques auteurs, comme étant complétement inutile. Et en effet, si l'on examine les termes dans lesquels il est conçu, on voit qu'il n'est que la reproduction presque littérale du procès-verbal d'ouverture de la contribution : en second lieu, les créanciers, à qui une expédition de cette ordonnance est dûment signifiée, retrouvent, dans la sommation qui y est jointe, tous les renseignements qu'elle contient.

A un autre point de vue, à quoi sert le permis de sommer? Le juge-commissaire n'a pas à désigner les créanciers qui devront être sommés, puisqu'ils sont indiqués par la loi : « Lui présenter re-
» quête à cette fin, dit Dalloz, c'est lui demander d'exécuter la loi,
» ce qu'il ne pourrait refuser sans déni de justice. Il est vrai qu'aux
» termes de l'art. 4 de l'ordonnance du 3 juillet 1816, il pourrait
» différer de répondre la requête tant que les deniers à distribuer
» ne seront pas consignés: mais ce n'est pas pour assurer l'exécution
» de cette ordonnance, postérieure de dix ans au Code, que cette
» formalité a été établie, et, d'ailleurs, la sanction des dispositions
» législatives se trouve dans le droit qu'a le Président de ne point
» nommer de juge-commissaire qu'elle n'ait été opérée. »

Au reste, le législateur a reconnu lui-même l'inutilité de cet acte, dans les conditions où il est aujourd'hui délivré, lorsque, dans la loi du 21 mai 1858, il a ordonné qu'il ne serait signé par le juge-commissaire que si l'ordre amiable a échoué, et, dans ce cas, il a disposé qu'il ne serait ni levé ni signifié; nous verrons plus loin s'il sera possible d'introduire une réforme pareille dans la procédure de contribution.

Sommations. Les créanciers sont avertis d'avoir à produire leurs titres par une sommation faite par huissier: mais ces exploits, accompagnés de la copie du permis de sommer, sont d'un prix élevé, et lorsque les créanciers sont nombreux, les frais qu'ils occasionnent montent à un chiffre très important: souvent même, on est obligé de les avertir à leur domicile réel, à défaut de domicile élu ; ainsi, dans le cas de successions bénéficiaires ou vacantes, de liquidations de toutes sortes, où il n'y a pas eu d'oppositions formées, il est impossible de ne pas envoyer à chacun des créanciers connus, à son domicile, une sommation régulière, quelle que soit d'ailleurs la somme due à celui-ci.

Si l'on recule devant les frais, et que l'on veuille ne faire cette dénonciation qu'aux créanciers importants, où s'arrêtera la limite? Qui déterminera l'importance de la créance donnant lieu à une sommation? Et les autres créanciers, devra-t-on les exclure, et ne pas les avertir? Mais ils ont droit à autant d'égards que ceux à qui des sommes plus fortes sont dues. Il faut donc faire à tous la position égale, les avertir tous régulièrement : et ce but ne peut être atteint que par des sommations, qui deviennent alors une cause de frais énormes pour la contribution.

Réglement provisoire. Le réglement provisoire, nécessaire sans doute dans la procédure actuelle, n'est pas contesté dans bien des cas. Dès-lors, non-seulement il a été inutile, mais encore il a été coûteux, et a entraîné avec lui une perte de temps de près d'un mois.

Dénonciation du réglement provisoire. Cet acte donne lieu au plus grave abus : il est passé dans l'habitude que cette dénonciation soit signifiée à tous les avoués en cause, par autant de copies qu'ils ont de clients : le poursuivant se dénonce à lui-même le réglement provisoire, autant de fois qu'il a fait de productions, c'est là augmenter les frais à plaisir.

On a contesté aussi l'utilité de cet acte, au moins quant au saisi, par le motif qu'une fois sommé de prendre communication de la procédure et des productions, il n'avait pas besoin d'être mis en demeure à nouveau au sujet du réglement provisoire.

Affirmation. Quelle est la nature de cette formalité? Est-ce un serment, comme le prétend Delaporte? C'est peu probable puisqu'elle est faite au greffe, entre les mains du greffier. Si c'est une simple déclaration, ainsi que le pensent Pigeau, Favard, Chauveau sur Carré, pourquoi est-elle reçue lorsque la créance est admise et colloquée dans la contribution? En supposant le créancier de mauvaise foi, est-il croyable qu'une déclaration de ce genre l'arrêtera, et l'empêchera de toucher les sommes que le règlement définitif, passé en force de chose jugée, lui attribue.

Le Code de commerce est plus logique lorsqu'il place cette affirmation au commencement de la procédure ; un créancier n'est admis qu'après cette formalité, qui a lieu non entre les mains du greffier, mais du juge-commissaire lui-même.

Non-seulement l'affirmation est inutile dans les conditions où elle est faite actuellement, mais elle est encore une source de frais. Il est passé le plus souvent acte régulier de cette déclaration : l'art. 101 du tarif dit, en effet, qu'il en sera dressé procès-verbal. Si à Paris l'affirmation ne donne lieu qu'à une mention en marge du règlement définitif, cette manière de procéder, bien moins dispendieuse, il est vrai, est cependant jusqu'à un certain point illégale.

Combien de fois arrive-t-il en outre que les créanciers sont un temps infini avant d'aller affirmer au greffe ; leur remboursement se trouve ainsi retardé, et quelquefois même, si l'on ne doit délivrer qu'un bordereau collectif, les lenteurs d'un seul empêchent le paiement de tous les autres.

Bordereau de collocation. Les mandements ou, comme la pratique les appelle, les bordereaux de collocation sont délivrés par le greffier à chaque créancier pour que celui-ci puisse toucher son dividende. Aux termes de l'art. 4 de l'ordonnance du 3 juillet 1816, il ne peut être ouvert de contribution que sur des sommes déposées à la Caisse des Consignations, à moins que ce soit sur le prix d'un immeuble dont le dépôt n'ait pas été ordonné. Ainsi les créanciers admis dans une contribution ne peuvent s'adresser pour leur paiement qu'à la Caisse des Consignations, à moins qu'il ne s'agisse du prix d'un immeuble.

Examinons le premier cas, le plus fréquent ; aux termes de l'art. 17 de l'ordonnance précitée, il doit être remis à la Caisse, en outre des bordereaux, un extrait comprenant l'état général des collocations faites par le règlement définitif : chaque bordereau n'est ainsi qu'une expédition partielle, ou, comme on a dit, une coupure du règlement définitif, dont l'extrait représente la totalité ; de telle sorte que si les créances colloquées sont trop faibles pour motiver un bordereau particulier à chaque intéressé, le bordereau collectif délivré par le greffier ne sera que la reproduction presque littérale de l'extrait.

Quelle est donc l'utilité de ces bordereaux? Ce n'est pas un titre indispensable pour le créancier contre la Caisse, car celle-ci ayant l'extrait du réglement définitif contenant l'état des collocations ne pourrait refuser de payer le créancier compris en cet état. Ce n'est pas pour la Caisse un titre à l'appui de son paiement, car elle exige toujours de chaque créancier sa signature quand il touche : enfin, ce n'est pas non plus un titre contre le saisi, car il ne peut servir que pour la Caisse qui en exige la remise avant que de payer.

A tous les points de vue, il me semble donc que les bordereaux de collocation n'ont en eux-mêmes aucune utilité, lorsqu'ils sont délivrés sur la Caisse des Consignations.

Si au contraire, la somme à distribuer est le prix d'un immeuble encore resté entre les mains de l'adjudicataire, alors la question est bien différente. Il faut en effet que, dans ce cas, le créancier colloqué puisse contraindre au paiement le détenteur de la somme, et, pour cela, il lui faut entre les mains un titre exécutoire, comme en matière d'ordre. Je comprends donc très bien, dans ce cas seulement, l'utilité des bordereaux ; mais alors l'extrait n'est plus délivré, car il n'est exigé que pour la Caisse des Consignations.

Certificats de non opposition ni appel. Ces certificats sont demandés par la Caisse au sujet des réglements définitifs, en exécution d'une circulaire ministérielle du 1er septembre 1812 ; mais il me semble que la Caisse fait de celle-ci une application erronée aux paiements effectués par elle par suite d'une contribution judiciaire. Cette circulaire, en effet, dit que dans le cas ou la Caisse paierait en exécution d'un jugement rendu sur requête, et dans la crainte que les jugements n'ordonnent des remboursements à l'insu des tiers qui pourraient avoir intérêt à s'y opposer, la Caisse devra exiger la production des certificats énoncés en l'art. 164 du Code de procédure.

Mais les jugements prévus dans cette circulaire ne sont évidemment pas assimilables à un réglement définitif de contribution.

N'est-il pas certain que tous les créanciers opposants ont été appelés à la distribution, lorsque le juge-commissaire les a déclarés forclos, s'ils ne se sont pas présentés, et lorsqu'il fait mainlevée de toutes les oppositions existantes sur la somme arrêtée?

D'autre part, la délivrance seule de l'extrait et des bordereaux n'est-elle pas une preuve certaine que l'exécution du réglement définitif ne peut être arrêtée par aucun moyen. J'examinerai plus tard cette question de savoir s'il peut être attaqué; mais il est toujours bien établi que le greffier ne peut délivrer les extraits et bordereaux que si le réglement n'a été l'objet d'aucune réclamation.

Je considère donc encore les certificats comme entièrement inutiles.

Référé du propriétaire. Une procédure spéciale est autorisée par l'art. 661 en faveur du propriétaire pour le paiement de ses loyers. Le propriétaire peut appeler en référé devant le juge-commissaire, le saisi et l'avoué le plus ancien des créanciers produisants, pour faire statuer sur son privilége. Mais il ne peut introduire ce référé qu'après l'expiration du mois accordé aux créanciers pour produire, car l'avoué le plus ancien ne peut être connu qu'à cette époque. Dès-lors les frais de poursuite de la contribution, souvent considérables, sont rendus inutiles, si le propriétaire absorbe tout ou grande partie de la somme en distribution: les créanciers sommés ont de leur côté fait les frais d'une production, pour venir se heurter contre cette ordonnance de privilége.

Bien plus, sous prétexte de faire toucher sans retard au propriétaire le montant de ses loyers, on fait supporter encore au saisi et à ses créanciers, tous les frais d'une procédure spéciale, faite seulement dans l'intérêt de celui-ci.

La faculté laissée au propriétaire d'obtenir son paiement par une procédure en dehors de la poursuite même de la contribution, est donc préjudiciable aux autres créanciers : quelle que soit la faveur accordée au privilége du locateur, il me semble qu'il y a une véritable injustice à porter atteinte aux intérêts d'un grand nombre de créanciers pour la satisfaction d'un seul, qui est déjà dans une position exceptionnelle, qui n'a rien à craindre, et qui pourrait bien attendre quelques jours de plus sans inconvénient.

Telles sont les observations que j'ai cru pouvoir faire au sujet de la procédure actuelle de contribution. Mais il est encore une question très grave qui, pour ainsi dire, domine toute cette matière et doit être l'objet d'un examen sérieux; c'est celle de la présence des avoués dans les contributions. Quel est l'avantage de leur présence, est-il nécessaire de les maintenir?

D'abord, je le reconnais immédiatement, leur présence me semble indispensable, en ce qui touche la poursuite de la contribution. Seuls ils ont droit de se présenter devant le Tribunal, et la réquisition d'ouverture rentre sans doute dans leur droit de postulation. De plus, la poursuite d'une contribution se compose d'une série d'actes dont la conduite doit être laissée à ceux qui, par leur capacité reconnue, ont acquis le droit exclusif d'exercer près les tribunaux.

Mais en ce qui concerne les productions, je crois qu'il serait très utile de permettre aux créanciers de ne plus recourir à leur intermédiaire. Sans doute, je le sais, les avoués sont en général les hommes les plus recommandables par leur savoir et leur honorabilité. Leur expérience est un guide très sûr pour les intérêts dont ils sont chargés, ils savent souvent faire transiger leurs clients sur des procès douteux, amènent des arrangements, et dans tous les cas donnent à l'instruction des affaires cette uniformité et cette simplicité qui a été la base principale de leur institution.

Mais, il faut le dire, leur présence seule dans la procédure qui nous occupe est une cause de frais considérables, qui en définitive retombent toujours sur le débiteur, et enlèvent dans chaque affaire une notable partie des deniers arrêtés. Quelle que soit en effet la somme à distribuer, la poursuite de la contribution s'élèvera toujours de 250 à 300 francs : à Paris, il est établi en règle qu'une contribution ne peut être ouverte sur une somme inférieure à 300 fr., car elle serait absorbée tout entière. Ce n'est pas tout, chaque créancier produisant ajoute encore à sa créance, pour sa seule production, un mémoire de frais montant à 20 fr. environ à Paris, souvent plus ailleurs, sans compter les bordereaux de collocation.

Ainsi, en faisant le calcul approximatif, et en prenant pour base les chiffres de la statistique, une contribution donne lieu en moyenne à dix productions, soit, à raison de 20 fr. par production .... 200 fr.

tion	200 fr.
Frais de poursuite, toujours à peu près.........	250
Coût des bordereaux, 15 fr. environ, chacun....	150
Total..........	600 fr.

C'est donc 600 fr. en moyenne qui sont perdus par chaque contribution. Or, n'est-il pas véritablement injuste de faire supporter au débiteur déjà ruiné, un chiffre de frais aussi énorme, pour permettre à ses créanciers de s'emparer de ses dépouilles, sans qu'il y ait souvent de sa part d'autre tort que d'être malheureux, et quand on aurait pu lui permettre, en évitant les frais, de se libérer d'autant.

Mais il faut ajouter encore que le chiffre de 20 fr., indiqué comme celui auquel donne lieu une production, est quelquefois augmenté par d'autres frais supplémentaires. Ainsi il est d'usage dans quelques tribunaux de dresser au greffe un acte spécial pour le retrait des pièces produites; il est également dressé acte de l'affirmation des créanciers. Il en résulte que les frais de production que nous avons indiqués plus haut ne sont pas même exacts.

Il est donc nécessaire d'examiner cette question avec attention, et de chercher un remède au mal signalé. Certes, je ne veux pas en arriver à proposer la suppression absolue des avoués dans les contributions, mais il me semble qu'il serait possible d'en laisser aux créanciers l'intermédiaire facultatif, et les autoriser ainsi à diminuer leurs dépenses, en ne réservant le ministère de l'avoué que lorsqu'ils ne pourraient se présenter en personne, mais en laissant à leur charge l'intervention de cet officier ministériel, qui n'est que leur mandataire.

J'essaierai plus loin de développer cette proposition.

CHAPITRE III

JURISPRUDENCE CONTRADICTOIRE

Non-seulement la procédure de contribution donne lieu à des observations sérieuses sur ses lenteurs et ses frais, mais encore elle est, sur divers points, l'objet de controverses importantes ; elle comporte de nombreuses questions qui ont donné lieu aux décisions les plus contradictoires, tant dans la doctrine que dans la jurisprudence. C'est cette contrariété de jugements divers qu'il importerait de faire cesser, afin que l'on puisse arriver à une certitude complète sur ces points difficiles, et que l'on n'ait plus à craindre désormais des retours imprévus, comme il s'en voit souvent dans la jurisprudence.

Je vais essayer d'indiquer les plus importantes de ces questions, sans les discuter toutefois. Je ne puis, en effet, avoir la prétention de donner mon avis sur les opinions diverses qui se sont produites ; je les indiquerai seulement de la façon la plus brève, afin de faire ressortir à quelles discussions elles ont donné lieu, et montrer combien une révision sur ces points serait utile.

1° *Le délai d'un mois est-il accordé par l'art. 660 pour produire* à peine de forclusion ?

L'affirmative, enseignée par Thomine-Desmazures, Pigeau, Carré, Dalloz, a été admise dans un grand nombre d'arrêts : Paris, 27 juin et 13 août 1811 ; Bordeaux, 30 mars 1829 ; Cassation, 7 juillet 1834 ; Paris, 3 mars 1835 ; Cassation, 2 juin 1835 ; Paris, 30 décembre 1837 ; Bordeaux, 7 juin 1839 ; Cassation, 23 août 1843 ; et Caen, 8 janvier 1845.

Mais on trouve d'autres arrêts, notamment ceux de Rennes, 31 mai 1813, et Paris, 11 décembre 1822, qui ont admis la doctrine contraire.

2° *Le délai de quinzaine est-il accordé pour contredire le règlement provisoire* à peine de forclusion, *bien que le procès-verbal soit encore ouvert ?*

La majorité des auteurs enseigne que ce délai est fatal, et que la forclusion, d'après les termes formels de l'art. 664, doit être prononcée. Ainsi Carré, Bioche, Dalloz, Colmet d'Aage : ont également statué dans ce sens les arrêts de Paris, 17 juin 1813, 1er décembre 1836, et Orléans, 5 mars 1851.

Au contraire, Delaporte pense que les contredits peuvent être élevés tant que le procès-verbal n'est pas clos par le juge-commissaire. Un arrêt de Rennes du 31 mai 1813 a aussi décidé d'après cette opinion.

3° *Le jugement rendu sur les contredits doit-il être signifié à chaque avoué par autant de copies qu'il a de clients?*

Cette question a été jugée dans le sens de l'affirmative par arrêt de Cassation du 12 juillet 1843 : mais des arrêts de Poitiers du 11 mai 1826 : Cassation, 10 mai 1836 ; Paris, 23 novembre 1839, ont résolu ce point négativement.

4° *L'appel doit-il être signifié au domicile de l'avoué* à peine de nullité?

La Cour de Cassation a plusieurs fois décidé cette question en admettant la nullité (Arrêts des 19 janvier 1831, 7 avril 1852, et 9 mai 1854). La majorité des auteurs est de cet avis : Carré, Chauveau, Thomine, Bioche.

Cependant, on trouve un arrêt de Rouen du 4 janvier 1844 qui juge dans un sens opposé.

5° *Le délai d'appel peut-il être augmenté à raison des distances?*

Cette question a été vidée négativement par les arrêts de Caen, 4 mars 1828 : Bourges, 26 février 1830 : Grenoble, 8 janvier 1842. Thomine, Bioche, Dalloz enseignent cette doctrine.

D'un autre côté, l'arrêt de Nancy du 14 mars 1825, conforme à l'opinion de Carré, Favard, Pigeau, Delaporte, admet qu'il puisse être accordé des délais de distance.

Cette question a, du reste, été tranchée, pour les ordres, par la loi de 1858, qui admet une augmentation d'un jour par 5 myriamètres entre le domicile réel de l'appelant et le tribunal saisi.

6° *Comment doit être calculé le taux de l'appel?*

Les uns prétendent que l'appel est recevable, quelle que soit la quotité des créances contestées, si la somme à distribuer est supérieure à 1,500 fr. Ils fondent leur opinion sur ce que la contestation peut changer la distribution de la somme entière, et que le créancier contesté a en réalité pour adversaire la masse des intéressés. Carré, Crivelli sur Pigeau, Thomine professent cette opinion, qui a été admise par les arrêts de Paris, 12 novembre 1825; Limoges, 24 février 1826; Angers, 19 août 1848.

D'autres décident que c'est à la réunion des intérêts de tous les créanciers contestants qu'il faut avoir égard, d'où il suit que l'appel pourrait être interjeté dans le cas où la créance contestée et la somme à distribuer seraient inférieures à 1,500 fr. Ainsi l'ont jugé les arrêts d'Orléans, 19 novembre 1819; Liége, 14 avril 1823; Angers, 25 janvier 1843.

Une troisième opinion prétend que c'est seulement au dividende que la créance contestée prend dans la somme à distribuer que l'on doit fixer le taux du ressort : Nancy, 16 juillet 1844. Cette opinion me paraît tout à fait inexécutable en pratique.

Enfin un quatrième système décide que l'appel n'est recevable que si le chiffre de la contestation excède 1,500 fr., quelles que soient d'ailleurs les créances des contestants et la somme à distribuer.

Cette dernière doctrine qui vient d'être admise par la loi de 1858, est appuyée par des arrêts d'Agen, 29 mars 1854; Bordeaux, 3 juillet 1851, et professée par Pigeau, Favard et Lepage.

7° *Peut-on interjeter appel du réglement définitif?*

L'une des questions les plus considérables soulevées en cette matière, est celle de savoir quelle est la nature du réglement définitif. Est-ce un véritable jugement attaquable par les mêmes moyens, ou bien est-ce une décision réglementaire émanant de la juridiction gracieuse du juge et non susceptible de recours?

La jurisprudence avait longtemps incliné à admettre que le réglement définitif est un jugement attaquable par appel, comme toutes autres décisions de justice. Ainsi, soit en matière d'ordre, soit celle de la contribution, j'ai relevé les arrêts suivants qui ont admis cette interprétation : Nancy, 16 mars 1809; Riom, 7 juin 1817; Nîmes, 22 avril 1823; Montpellier, 9 juin 1823 et 3 juillet 1828; Paris, 21 mai 1835 et 20 juin 1835; Pau, 9 juin 1837; Orléans, 8 juin 1838; Paris, 3 octobre 1839; Nîmes, 8 avril 1840;

Limoges, 10 avril 1840 : Paris, 9 avril 1842, et 20 juillet 1844 : Orléans, 23 février 1847 : Limoges, 12 février 1848 et 18 mars 1848 ; Nîmes, 23 mai 1848 : Grenoble, 9 août 1848 : Rennes, 23 juin 1849, Cassation, 27 août 1849 : Bordeaux, 8 décembre 1849 : Toulouse, 8 mars 1850.

Malgré cette jurisprudence si bien établie, et qui est soutenue par un grand nombre d'auteurs, tels que Bioche, Pigeau, Carré, on trouve pour la solution contraire des arrêts aussi nombreux, et qui paraissent être l'expression définitive de la jurisprudence. J'ai ainsi relevé les arrêts de Rouen, 25 mars 1809 : Paris, 3 août 1812 ; Bourges, 10 décembre 1813 : Colmar, 3 mars 1815 : Toulouse, 15 mars 1827 ; Bourges, 25 juin 1831 ; Paris, 26 janvier 1832 : Limoges, 2 avril 1840 : Caen, 5 août 1844 : Caen, 20 décembre 1848 : Cassation, 14 janvier 1850 : Paris, 1er juin 1850 et 6 juin 1850 : Colmar, 23 décembre 1850 ; Cassation, 7 janvier 1851 : Bordeaux, 10 juin 1851 ; Toulouse, 20 août 1852 : Paris, 13 novembre 1852 ; Rennes, 11 février 1853 : Lyon, 21 juillet 1853 ; Orléans, 28 juin 1856 ; enfin, Cassation, 13 août 1856.

Cette question a d'ailleurs été vidée dans ce sens par la loi de 1858.

8° Mais si le règlement ne peut être frappé d'appel, quel recours aura-t-on contre lui ?

Il a été décidé par de nombreux arrêts que la seule voie ouverte est celle de l'opposition portée devant le tribunal : ainsi jugé à Trèves, 14 mars 1808 ; Besançon, 29 mars 1806 ; Caen, 20 décembre 1848 ; Paris, 6 juin 1850 : Colmar, 23 décembre 1850 ; Bordeaux, 10 juin 1851 : Toulouse, 20 août 1852 : Rennes, 11 février 1853 : Paris, 24 juin 1853 : Lyon, 21 juin 1853 ; Orléans, 28 juin 1856.

Comment cette opposition doit-elle être formée : par dire mis à la suite du procès-verbal ? C'est le système proposé par M. Boucher d'Argis, que l'arrêt de Lyon du 21 juin 1853 a rejeté, prétendant qu'elle devait être formée par acte d'avoué à avoué ; mais cette cour, revenant sur sa jurisprudence, a décidé, le 31 mai 1854, ainsi que la Cour de cassation le 13 août 1856, que c'était par action principale que cette opposition devait être formée.

La loi de 1858 a définitivement tranché cette question pour les

Ordres, en disant qu'il serait fait un dire sur le procès-verbal, et que le dire serait dénoncé par acte d'avoué à avoué. Il y aurait donc lieu d'admettre cette doctrine en matière de contribution.

9° *Que comprennent les frais de poursuite?*

La plupart des auteurs sont d'accord pour distinguer les frais ordinaires, qui se trouvent dans toute procédure, et ceux extraordinaires occasionnés par les incidents, tels que les frais de référé, ceux de l'avoué le plus ancien sur la contestation. Ces derniers n'ont pas droit à être colloqués par privilége, disent Pigeau, Favard, Thomine, Chauveau. Au contraire Bioche prétend que l'avoué le plus ancien a droit au privilége; à Paris, en effet, ses frais sont toujours privilégiés; ceux du poursuivant, pour sa présence au jugement rendu sur les contestations, le sont même aussi, bien qu'il ne doive pas être admis à l'audience.

En ce qui touche les frais antérieurs à la contribution, tels que frais de scellés, inventaire, frais de compte, d'administration, etc., et qui ne peuvent être considérés comme frais de poursuite, quoiqu'il y ait quelques controverses à leur sujet, je ne m'en occuperai pas ici, car cette question sort du cadre que je me suis tracé.

10° J'arrive enfin à une discussion qui n'est plus seulement une question de procédure, mais bien une question de droit civil. Cependant comme elle se rattache intimement à l'un des points de la procédure de contribution, je crois devoir la traiter succinctement. Il s'agit du concours du privilége du propriétaire avec les frais de poursuite, et par suite avec les priviléges généraux.

Cette question, l'une des plus graves du Code, a donné lieu aux opinions les plus diverses. L'art 662 a apporté le principal argument à ceux qui pensent que le privilége du propriétaire doit avoir le pas sur tous les autres, même sur les frais de justice, et les autres priviléges généraux établis par l'art. 2101. Ce système, soutenu par un grand nombre d'auteurs, Pigeau, Persil, Dalloz, Valette, et par les arrêts de Paris, 27 novembre 1814; Lyon, 27 mars 1821; Cassation, 20 août 1821; Lyon, 14 décembre 1825; Rouen, 17 février 1826; Paris, 25 février 1832; Lyon, 1er avril 1841; Cassation, 20 mars 1849, est vivement combattu.

Une autre opinion pose en thèse absolue la priorité des priviléges généraux, en s'appuyant sur la nature spéciale des créances énoncées en l'art. 2101, la position de cet article, et le texte de l'art. 2105. Cette doctrine est professée par Tarrible, Malleville Favart de Langlade, Grenier, Delvincourt, Chauveau et Carré, Troplong, Pont: elle se retrouve dans les arrêts de Limoges, 15 juin 1813: Rouen, 12 mai 1828: Poitiers, 30 juillet 1830: Rouen, 30 juillet 1851: Lyon, 16 juillet 1852: Bordeaux, 12 avril 1853: Cass., 25 avril 1854.

Enfin, d'autres pensent qu'il faut prendre les priviléges dans leur ensemble, et déterminer, en les comparant les uns aux autres, quel degré de faveur est dû à chacun d'eux. Ce dernier système se subdivise en une foule d'autres, selon que l'on part d'un point de vue différent dans son appréciation, c'est alors une question de fait au lieu d'une question de droit. Ce dernier système est adopté par Duranton, Toullier, Zachariæ, Demante, et par les arrêts de Rouen, 12 mai 1828; Caen, 8 mars 1838.

Tels sont les points de la procédure de Contribution, ou du droit civil s'y rattachant intimement, sur lesquels la jurisprudence et la doctrine sont encore divisées. Bien entendu il ne m'appartient pas d'émettre une opinion sur des discussions aussi élevées, je voulais seulement bien constater la divergence qui s'est produite sur ces questions, et montrer combien il serait désirable que toutes ces difficultés fussent définitivement résolues, afin que désormais on ne vit plus se produire des revirements dans la jurisprudence, quelque bien établie qu'elle paraisse aujourd'hui.

Déjà la loi de 1858 a tranché quelques-uns de ces points, et j'aurais peut-être pu me dispenser de développer aussi longuement tous les monuments de la jurisprudence antérieure y relatifs: mais cette loi s'occupant spécialement des ordres n'a rien changé aux contributions, et les discussions soulevées sur les premiers, bien qu'ils n'aient plus d'intérêt en ce qui les concerne, ont cependant encore une importance considérable dans le sujet qui nous occupe, auquel elles s'appliquent toujours. Il y aura donc encore lieu d'invoquer ces précédents tant que la procédure de contribution n'aura pas subi les mêmes modifications que celle de l'ordre : c'est là le but auquel tend d'ailleurs mon travail.

CHAPITRE IV

CRITIQUE DE QUELQUES DISPOSITIONS SECONDAIRES

Je crois qu'il est encore possible de prouver que certaines dispositions de la loi, relatives à l'exécution du réglement définitif, sont sujettes à une critique sérieuse; deux points surtout me paraissent devoir attirer l'attention.

D'abord l'enregistrement du réglement définitif.

L'art. 99 du Tarif dit que le procès-verbal n'est soumis à l'enregistrement, que lors de la délivrance des mandements. Cette disposition toute bienveillante, établie dans un but d'économie, ne soumet le procès-verbal à une perception que lorsqu'étant définitivement clos, il peut être mis à exécution. Mais aucun délai n'est imparti pour cette formalité, et ainsi la loi a dépassé le but qu'elle se proposait. Car il arrive très souvent, soit que le droit d'enregistrement se monte à une somme trop forte pour que l'avoué poursuivant ou sa partie veuille ou puisse en faire l'avance, soit que le réglement définitif reste longtemps inconnu de l'avoué, ou bien encore qu'on ait à reprocher quelque négligence à l'avoué ou au greffier: enfin il arrive fréquemment que les réglements définitifs ne sont enregistrés que fort longtemps après leur clôture. Ce retard est tout à la fois préjudiciable aux créanciers qui pourraient toucher plus rapidement leurs dividendes, et au Trésor qui n'a aucun moyen pour obtenir la perception de ses droits. Enfin, on se trouve ainsi en présence d'un acte authentique qui, contrairement à toutes les règles, n'est enregistré que lorsqu'il plaît aux parties, souvent longtemps après sa date.

Passons à l'art. 672 qui s'occupe du moment où doivent être arrêtés les intérêts des sommes colloquées sur les deniers à distribuer.

Trois cas sont prévus, et chacun d'eux donne lieu à une solution différente :

1° Lorsqu'il n'y a pas de contestations, les intérêts cessent du jour du réglement définitif; pas de difficultés sur ce point.

2° Lorsqu'il y a eu des contestations, du jour de la signification du jugement qui a statué. Mais le législateur a oublié que le réglement définitif ne peut être fait immédiatement après cette signification, qu'il faut attendre les délais d'appel, et qu'ainsi on fait perdre à tous les créanciers, même ceux qui n'étaient pas parties dans la contestation, au moins dix jours d'intérêts.

3° En cas d'appel, les intérêts cessent quinzaine après la signification de l'arrêt. J'aurais compris cette quinzaine pour le jugement de première instance, afin de permettre d'attendre l'expiration du délai d'appel, mais on a préféré la signification du jugement sans avoir égard à ce délai: et ici au contraire, lorsque l'arrêt est signifié, que les parties n'ont plus aucun autre recours que le pourvoi en cassation qui n'est pas suspensif, alors on donne quinze jours! Dans quel but? C'est ce qu'il m'est impossible d'expliquer.

Au lieu de se jeter dans ces distinctions arbitraires, ne vaudrait-il pas mieux choisir, pour limite du calcul des intérêts, le réglement définitif lui-même, qui, s'il n'y a pas de contestations, doit être fait aussitôt que les contredits ne sont plus recevables, et, en cas de difficultés, aussitôt qu'une décision définitive est intervenue. On aurait ainsi une base unique; je crois donc que sur ce point une réforme est nécessaire.

J'ai terminé toutes les observations que je m'étais proposé de faire sur la procédure actuelle de Contribution: il me reste à faire ressortir l'anomalie qui existe entre les dispositions du Code de Procédure et celles du Code de Commerce. Autant les formalités de la Contribution sont embarrassées dans les délais et les frais, autant celles de la Faillite sont au contraire dégagées de tous ces obstacles.

C'est qu'en effet, il est nécessaire que dans les faillites la marche soit aussi vive que peu coûteuse, sinon le failli, déjà ruiné, verrait son actif, souvent bien faible, absorbé par les frais de la procédure, et ses créanciers irrités de ce qu'on diminue encore leur dividende si peu important, ne se prêteraient que difficilement à des mesures de conciliation avec le failli. Et puis, n'ont-ils pas intérêt à sortir rapidement, même par une liquidation onéreuse, de la position délicate où ils se trouvent placés par la faillite. Le débiteur lui-même n'a-t-il pas le même intérêt, afin de pouvoir reprendre ses affaires, et ne plus se trouver à la merci de ses créanciers.

Si l'on a fait fléchir en matière commerciale les règles de la procédure civile, c'est sans doute qu'on les a reconnues inapplicables; mais doit-on plus d'égards au débiteur commerçant qui a failli, qu'au débiteur non commerçant qui est en état de cessation de paiement? Est-ce que la position des deux n'est pas également intéressante? Pourquoi donc deux poids et deux mesures?

Je vais plus loin, et je dis que si une différence était nécessaire entre la marche des contributions et celle des faillites, ce seraient encore les premières qui devraient obtenir une solution plus rapide. En effet, on a tout à la fois le gage réalisé, les créanciers connus; aucunes difficultés ne peuvent survenir sur l'époque de la cessation de paiements, et l'exigibilité des créances, sur les coobligés et les cautions, les créanciers nantis, les créanciers hypothécaires, au sujet du droit des femmes, de la liquidation de l'actif: nulle revendication n'est possible; en un mot aucune des difficultés qui peuvent surgir en matière de faillite n'est à craindre ici.

La Contribution devrait donc avoir une marche plus rapide. Malheureusement il n'en est rien, et c'est pour cela qu'une réforme serait si désirable.

DEUXIÈME PARTIE

J'ai montré comment la procédure de Contribution, telle qu'elle existe aujourd'hui, me semblait défectueuse sous quatre points de vue différents : qu'elle était lente et coûteuse, comprenait des questions sur lesquelles la jurisprudence n'est pas encore fixée, et quelques dispositions secondaires sujettes à une critique sérieuse. Pour ces motifs, j'ai cru pouvoir dire que cette procédure demandait un remaniement complet, qui la mît en rapport avec celle qui a été inaugurée pour les ordres, par la loi du 21 mai 1858.

Un travail de ce genre est si délicat que j'ai dû hésiter avant d'y mettre la main : j'ai toutefois essayé cette tâche, espérant que si j'ai embrassé plus que mes forces ne me le permettaient, du moins j'aurai contribué peut-être à hâter une solution sur cette importante matière.

Je vais donc reprendre toute cette procédure depuis son origine, en substituant aux textes de la loi, que j'ai cru pouvoir critiquer, des formes nouvelles qui sont propres, je pense, à constituer une amélioration. Ces changements que je propose ne sont pas d'ailleurs réellement des innovations en procédure. J'ai seulement essayé de coordonner entre elles, pour les adapter à cette matière, des formalités déjà reconnues utiles ; ainsi j'ai emprunté à la loi de 1858 un grand nombre de ses dispositions, j'en ai pris dans le Code de commerce, et enfin, dans la procédure actuelle, j'ai conservé tout ce qui pouvait être en rapport avec le reste du projet. J'ai de cette manière composé un système qui tient tout à la fois de ces trois parties de la législation, et dont l'application sera, je le pense, très facile. Je vais en exposer les diverses parties.

CHAPITRE Ier

DÉPOT A LA CAISSE

J'ai dit que le délai d'un mois et huit jours accordé à l'officier public ou au tiers-saisi, pour déposer à la Caisse, me semblait trop étendu : j'ajoute que c'est subordonner aux décisions des créanciers et du saisi les démarches de l'officier ministériel, que de ne lui permettre d'agir qu'à l'expiration du mois, et faute par les intéressés de s'être mis d'accord, tandis qu'au contraire il devait être indépendant et tout à fait étranger à tous les débats qui ont pour objet les fonds qu'il a entre les mains. Il sera inévitablement entraîné à des retards si l'on soumet son action à celle des créanciers qui, s'abusant peut-être eux-mêmes, lui feront longtemps entrevoir un arrangement amiable, sans pouvoir cependant y arriver.

Au lieu de considérer le dépôt à la Caisse comme une démarche à laquelle il doive se résoudre à défaut de solution meilleure, ne pourrait-on pas en faire le devoir principal de l'officier ministériel, et lui enjoindre, dans tous les cas, de déposer les fonds dont il est détenteur, dans un délai fixe, à moins que les créanciers et le saisi ne lui aient justifié d'un arrangement.

On arriverait ainsi, sans empêcher pour cela les distributions amiables, à supprimer les termes impératifs de l'art. 656, qui n'ont pas de sanction. On rendrait à l'officier public toute son initiative : son devoir unique serait désormais, non d'attendre jusqu'au dernier moment si un accord a été possible entre le créancier et le saisi, et de n'agir qu'à défaut de conciliation, mais de s'occuper immédiatement du dépôt, sans s'inquiéter de ce qui se passe entre les intéressés. Le délai arrivé, il ne devrait pour aucun motif garder plus longtemps les sommes dont il est dépositaire, et ainsi ne pourrait donner lieu aux suppositions que j'ai relevées plus haut; son honorabilité ne serait plus suspectée: il ne ferait que gagner à un tel état de choses, et de leur côté les créanciers seraient sans crainte sur la sécurité des deniers arrêtés.

Quel sera le délai qu'on pourrait accorder au tiers-saisi et à l'officier public pour déposer? Pour le fixer, il faut tout à la fois considérer l'intérêt des créanciers et du saisi qui peuvent s'arranger, et l'intérêt public qui exige que le dépôt soit aussi prompt que possible.

Il me semble qu'en le fixant à vingt jours on satisferait également l'un et l'autre. En vingt jours les créanciers n'auront-ils pas le temps nécessaire pour s'entendre avec le saisi? D'ailleurs s'ils ne s'entendaient pas dans ce délai, perdraient-ils quelque chose? Non évidemment, puisque la somme déposée à la Caisse restera à leur disposition : s'ils s'accordent, elle leur sera rendue sur leur demande sans retards et sans frais. Ils auront ainsi, pour éviter la distribution judiciaire, d'abord les vingt jours qui suivront la vente, puis au moins quinze jours, jusqu'au moment de l'ouverture de la Contribution si elle a été requise; ils ne pourront par conséquent se plaindre de n'avoir pas eu le temps de s'arranger, s'ils ne l'ont pas fait, c'est que l'accord était impossible.

L'officier public aura-t-il le délai nécessaire pour faire taxer ses frais? Oui, sans doute, même en tenant compte du temps indispensable pour l'enregistrement de son procès-verbal. Le Code ne lui donne aujourd'hui que huit jours: quels que soient donc ses frais, il sera toujours facile d'avoir cette taxe faite à l'expiration des vingt jours accordés pour le dépôt.

Mais dira-t-on, si l'officier public reçoit au dernier moment une opposition, comment pourra-t-il avoir à temps ses frais taxés? Lorsqu'il procède à la vente d'un débiteur en mauvaises affaires, sur la poursuite d'un créancier, l'officier public doit s'attendre à être obligé de déposer, il est donc averti suffisamment de faire taxer ses frais. Le tiers-saisi de son côté connaît, depuis longtemps averti, le dépôt qu'il doit faire et a dû se pourvoir bien à l'avance. Mais quand même on arriverait ainsi à forcer le détenteur, en prévision de saisies-arrêts, à faire dans tous les cas taxer ses frais, ce résultat, je crois, serait fort heureux, car il est à remarquer que plus les frais d'exécution approchent de la vente, plus ils deviennent exagérés, et plus le juge doit retrancher de réclamations illégitimes.

Cette taxe devra être toujours fournie au moment du dépôt, et c'est pourquoi je propose, non plus d'en exiger la mention dans les expéditions, ce qui est un peu vague, mais dans le procès-verbal même du dépôt. On pourrait ajouter une amende à l'inexécution de cette formalité, afin de bien s'assurer qu'elle sera remplie.

L'officier public et le tiers-saisi devront donc consigner dans les vingt jours les deniers arrêtés, déduction toutefois opérée de leurs frais, d'après la taxe qui en aura été faite par le juge, et dont la mention devra être reproduite dans le procès-verbal de dépôt. Ils ne seront dispensés de cette formalité que si les créanciers et le saisi lui ont justifié, avant l'expiration dudit délai, qu'ils sont d'accord sur la distribution.

CHAPITRE II

OUVERTURE DE LA CONTRIBUTION

Le dépôt une fois effectué, quelle marche doit être suivie pour la réquisition de l'ouverture de la Contribution? Doit-on forcer l'officier qui a fait la vente ou le tiers-saisi à requérir immédiatement cette ouverture, ainsi qu'on le proposait lors de la discussion du Code, ou bien doit-on laisser cette réquisition à la diligence des parties? Ce dernier mode me semble le seul admissible. En effet, les Contributions ne sont pas seulement ouvertes sur des prix de ventes mobilières, elles peuvent comprendre des dépôts successifs opérés pour le compte du même débiteur, comme des arrérages de pensions ou d'appointements, elles peuvent porter sur l'actif de successions bénéficiaires, ou successions vacantes, réalisé et déposé en plusieurs fois. On ne pourrait exiger une réquisition d'ouverture de contribution à chaque mois d'appointements arrêtés, ou à chaque recouvrement opéré par la succession.

Ensuite, lorsque la loi exprime qu'elle désire surtout les réglements amiables, ne serait-ce pas être en désaccord avec elle-même que de forcer l'ouverture de la Contribution judiciaire. Il faut donc laisser aux parties le soin de pourvoir à leurs intérêts : elles seront d'ailleurs, ainsi que leurs avoués, toujours assez pressées pour demander la poursuite de l'affaire.

Les certificats de sommes et les états d'oppositions délivrés par la Caisse, sont trop évidemment nécessaires pour qu'il soit besoin d'insister à leur sujet.

Il faut donc laisser subsister l'état de choses existant pour les ouvertures de contribution, et accorder la poursuite à la partie la plus diligente.

Il y a aussi lieu de conserver la disposition de l'art. 95 du Tarif, qui remet au président du tribunal le soin de régler les concurrences entre les avoués qui réclament la poursuite de la Contribution. Cependant ce réglement est souvent laissé aux chambres des avoués. C'est en effet fréquemment sur des motifs personnels que roulent les questions de concurrence ; les faire régler par les chambres syndicales, c'est vider en famille ces affaires intérieures, et peut-être y a-t-il un avantage sérieux de ne pas mêler le magistrat dans ces questions de corporation. Dans tous les cas les usages actuels pourraient être conservés.

Mais à un autre point de vue, une amélioration pourrait être introduite en ce qui concerne les saisies-arrêts signifiées à la Caisse postérieurement à la délivrance des états de sommes et d'oppositions.

L'avoué poursuivant devrait, dans la procédure actuelle, vérifier avant les sommations, s'il n'y a pas de nouvelles saisies-arrêts notifiées depuis la délivrance des états ; pareille vérification devrait être faite avant le réglement provisoire. Toutefois, ce visa de la Caisse n'est généralement pas demandé; il en résulte que des créanciers opposants, survenus depuis la délivrance des états, ne sont pas sommés, ne sont pas colloqués, et qu'on est obligé de recommencer pour eux une nouvelle procédure, sommation, réglement supplémentaire, ce qui entraîne des frais, et des lenteurs nouvelles.

Pour obvier à cet inconvénient, ne serait-il pas possible d'exiger que la Caisse refusât toute saisie-arrêt qui serait signifiée après la délivrance des états de sommes et d'oppositions, si elle n'a pas été visée par le greffier du tribunal, qui avertirait ainsi le créancier de l'état de la procédure: mention de cette opposition sera faite aussitôt par le greffier sur le registre des concurrences, si la contribution n'est pas commencée, ou sur le procès-verbal s'il a été ouvert; dans le cas où le procès-verbal serait clos, le greffier refusera son visa.

Cette manière d'opérer serait tout-à-fait compatible avec le projet de procédure que je vais développer plus loin. Elle est d'ailleurs praticable, car il sera toujours facile à la Caisse de savoir si elle a délivré les certificats dont il s'agit, et de le déclarer.

Il ne pourrait ainsi se faire qu'une somme pût être frappée d'opposition nouvelle, si elle a déjà fait l'objet d'une contribution. Si, par hasard, il y avait négligence, de la part de l'avoué qui a ces certificats, à requérir l'ouverture de la contribution, le créancier inscrit par le greffier sur le registre des concurrences pourrait se faire subroger dans la poursuite.

Il n'y a sans doute, dans cette formalité du visa, aucune atteinte aux droits du créancier, puisque c'est dans son intérêt qu'il est exigé: on le prévient ainsi qu'il y a une contribution ouverte, et qu'il ait à se pourvoir sans retard, pour être colloqué s'il en est temps encore, et de la sorte on lui évite des frais bien inutiles.

Du Juge-Commissaire. Le juge-commissaire chargé du réglement de la contribution doit-il être désigné par le président du tribunal pour chaque affaire, ou au contraire doit-il être chargé spécialement de toutes les procédures de ce genre. A cet égard, la loi du 21 mai 1858 a introduit un précédent dont on peut aujourd'hui apprécier toute l'utilité. Il est certain qu'un juge spécial doit, par son expérience dans les matières relatives aux contributions, rendre des services considérables : il aura plus d'autorité auprès des intéressés, et le travail dont il sera chargé sera plus rapidement exécuté. Je proposerai donc de charger de ces distributions un juge spécial qui pourrait, ainsi que le dit la loi de 1858, être pris parmi les juges suppléants, et serait désigné par décret impérial pour un an au moins et trois ans au plus. En cas d'absence ou d'empêchement, le président du tribunal, par ordonnance inscrite sur un registre spécialement tenu au greffe, désignerait d'autres juges pour le remplacer.

Ouverture de la contribution. Dans la procédure actuelle, l'avoué poursuivant présente à la fois au juge-commissaire un procès-verbal d'ouverture de la contribution et un permis de sommer les créanciers. J'ai essayé plus haut de montrer que ces deux pièces, qui sont toujours signées en même temps, ont une telle analogie qu'on peut dire réellement qu'elles sont copiées l'une sur l'autre.

Je proposerai donc de supprimer ce permis de sommer, du moins à cet endroit de la procédure, sauf à en discuter plus tard l'opportunité. Il ne resterait donc plus qu'un procès-verbal d'ouverture de la contribution qui serait présenté à la signature du juge. A cette réquisition seraient joints les états de sommes et d'oppositions, la taxe des frais et la quittance des sommes prélevées sur les deniers consignés ; le tout pour que le juge-commissaire puisse s'assurer de la régularité du dépôt. Ce procès-verbal d'ouverture de la contribution servirait, comme aujourd'hui, d'en-tête à la minute du procès-verbal de distribution.

Délai pour l'ouverture. Aucun délai n'est imparti par le Code au juge-commissaire pour ouvrir son procès-verbal. La loi de 1858 a vu là une lacune qu'il fallait combler, et a ordonné que, dans les trois jours de la réquisition, le juge spécial, ou dans les huit jours, le juge commis, serait tenu de signer ce procès-verbal.

On pourrait admettre le même principe et forcer le juge-commissaire à ouvrir la contribution dans le même délai de trois jours, ou, s'il n'est pas spécialement chargé, dans les huit jours de la réquisition.

CHAPITRE III

CONVOCATION DES CRÉANCIERS ET PRODUCTIONS

Jusqu'ici, nous avons suivi pas à pas la législation actuelle, en admettant presque sans exception toutes les formalités de la procédure du Code. Maintenant, je vais m'en séparer complétement, et proposer un système analogue à celui de la loi de 1858 qui, je pense, remédiera aux défauts que j'ai signalés.

La procédure actuelle est composée, pour ainsi dire, d'éléments entièrement judiciaires; chaque formalité est représentée par un acte régulier confié soit à l'avoué, soit à l'huissier, et qui entraîne des lenteurs et des frais; tout y est prévu pour vaincre les difficultés qui pourraient se présenter, la contradiction est regardée comme la règle, et l'accord une exception.

Au contraire, il me semble que l'on pourrait suivre une marche toute différente, et procéder comme si les intéressés devaient généralement s'entendre, ne prévoyant les difficultés que comme des exceptions; ainsi les formalités pourraient être rendues plus simples et plus économiques, en réservant seulement les formes judiciaires dans le cas où les résistances se produiraient.

C'est donc la conciliation que je veux faire entrer dans la matière, comme la loi de 1858 la fait entrer dans les ordres. Ainsi, au lieu de sommations, un simple avis; au lieu de provoquer les contredits, je réunis les créanciers pour se mettre d'accord; et je pense que cette manière de présenter la question sera plus profitable que celle actuellement suivie.

Examinons donc la procédure que je propose, et cherchons à voir si elle peut être susceptible d'être utilement appliquée.

Convocation des créanciers. La loi de 1858 a pris l'initiative d'une innovation importante. Aussitôt qu'il a ouvert l'ordre, le juge-commissaire réunit devant lui tous les intéressés, et essaie de les mettre d'accord sur la distribution du prix; s'il y parvient, le réglement est immédiatement dressé, et l'ordre amiable est terminé: s'il n'y peut réussir, alors seulement la procédure commence avec toutes ses formalités et ses délais.

Mais entrant dans une voie nouvelle, et réglementant d'ailleurs une matière bien plus importante que celle qui nous occupe, le législateur n'a cru pouvoir admettre cette convocation amiable que comme une tentative de conciliation, et en conséquence, dans son esprit, si elle a échoué, tout ce qui a été fait devient inutile, et la procédure doit être reprise entièrement.

Mais ne pourrait-on pas, pour la contribution, tout en adoptant cette heureuse idée de la convocation devant le juge-commissaire, l'utiliser dans tous les cas, en faire une partie intégrante de la procédure, de telle sorte qu'au lieu d'avoir à la recommencer dès l'origine, si les créanciers ne se sont pas mis d'accord, on doive seulement la compléter : qu'au lieu d'être forcé à remplir de nouvelles formalités vis-à-vis de tous les intéressés, on n'emploie les formes judiciaires qu'à l'égard de ceux qui y auront donné lieu. On aura ainsi évité une perte de temps et des frais considérables.

Je proposerai donc aussi de convoquer les créanciers et le saisi devant le juge-commissaire, et même l'adjudicataire tiers-saisi, s'il y a lieu. J'ajouterai seulement que, si le mode de cette convocation est semblable à celui proposé par la loi de 1858, le but et surtout le résultat en seront tout différents. Car je crois avoir réussi, en donnant plus de portée aux dispositions nouvelles mises en avant par cette loi, à donner une impulsion plus rapide à la procédure, et à en supprimer en grande partie les frais.

Les créanciers et le saisi, et l'adjudicataire s'il y a lieu, seront donc convoqués par le juge-commissaire par le moyen d'une lettre chargée, destinée à remplacer les sommations. Ces lettres, au sujet desquelles toutes les dispositions réglementaires ordonnées par la circulaire ministérielle du 2 mai 1859 seront applicables, seraient, ainsi que cela se pratique pour les ordres, adressées tout à la fois au domicile réel de chaque créancier en France, et au domicile par lui élu dans son opposition, s'il y en a eu. On aura ainsi averti les intéressés avec assez de précautions pour croire que s'ils ne se présentent pas, il y aura de leur faute.

Est-il croyable que cette double invitation ne fournisse pas les mêmes garanties que la sommation ? Mais ne sait-on pas que les actes d'huissiers ne sont souvent portés que par leurs clercs, quand ils sont même remis par ceux-ci, ce qui n'arrive pas toujours. Et d'ailleurs, sans prétendre encore attribuer aux lettres chargées l'authenticité qu'elles obtiendront peut-être plus tard, il faut bien admettre qu'elles arriveront toujours à destination, d'abord, parce que leur extérieur bien connu n'excitera jamais la cupidité des agens, s'il y avait ce danger à craindre, et qu'ensuite la perte pourrait être immédiatement constatée, surtout si l'on admet une amélioration réclamée par certains auteurs, et si le juge-commissaire est officiellement averti par l'Administration des Postes de la réception des lettres. Cet avis, qui se donne tous les jours aux expéditeurs de lettres recommandées, pourrait, dans cette application nouvelle, rendre les plus grands services.

Il faut donc considérer les lettres chargées comme présentant les mêmes garanties que les sommations, car elles doivent parvenir là où l'huissier peut lui-même porter sa signification; si la lettre n'arrive pas à destination, la sommation n'aura pas meilleur résultat, et le créancier seul pourra s'imputer d'avoir ou donné une fausse adresse ou laissé perdre ses traces. Enfin, si le créancier a élu un domicile, son mandataire qui sera averti séparément pourra rectifier les erreurs, s'il en a été commis, et le mettre à même de se rendre à l'invitation du juge.

Ces lettres seront envoyées par le greffier au nom du juge-commissaire et dans le même délai que celui imparti pour l'ouverture de la contribution, c'est-à-dire huit jours au plus après la réquisition : elles sont en effet une formalité si facile à remplir, qu'il n'est pas besoin d'un temps plus long. Les frais en seront avancés par l'avoué poursuivant : les bulletins de la poste constatant l'envoi et la remise aux destinataires seront annexés sans frais au procès-verbal.

Enfin, pour qu'aucune objection ne se produise, on peut encore ordonner qu'il sera inséré dans le journal judiciaire de l'arrondissement (j'aimerais mieux le journal le plus répandu, s'il y en a plusieurs), un avis sommaire de la convocation. Cette insertion sera faite à la diligence de l'avoué poursuivant, ne sera pas considérée comme insertion légale, et le numéro du journal ne devra pas être annexé : aucune nullité ne sera attachée à cette formalité, qui est purement accessoire, et destinée seulement à compléter les mesures propres à avertir les intéressés.

Mais il est une hypothèse qui n'a pas été prévue par le Code de procédure et qui a peut-être son importance. Il peut se faire que le saisi soit commerçant. et que, par conséquent, il se trouve en état de cessation de paiement, sans toutefois que sa faillite ait été déclarée. Il en résulte que si on laisse la contribution suivre son cours, la liquidation de son actif se fera non plus selon les règles commerciales de la faillite, mais selon les règles de la Procédure civile, ce qui est amener le débiteur devant une autre juridiction que la sienne.

Je voudrais, en conséquence, que le Tribunal de commerce fût averti officiellement de l'état des choses pour qu'il pût prendre d'office les mesures nécessaires à l'effet de faire déclarer la faillite s'il y a lieu, et ainsi dessaisir la juridiction civile.

Aussi, je proposerai de charger le greffier d'envoyer, en même temps qu'aux créanciers, une lettre chargée au greffier du Tribunal de commerce, s'il y en a un dans l'arrondissement, afin de mettre le Tribunal de commerce en demeure de prononcer d'office la faillite, s'il y a lieu.

La déclaration de faillite dessaisira de plein droit le juge-commissaire tant que le procès-verbal ne sera pas clos définitivement. Il en sera avisé par un extrait du jugement.

Les créanciers seront avertis par ces lettres d'avoir, dans un délai fixé, à déposer au greffe du tribunal, une production dont la forme sera déterminée, comme aussi de comparaître en personne à la réunion tenue par le juge-commissaire, avec indication que, faute par eux de ce faire, ils seront d'abord condamnés à l'amende, et en outre, responsables de la sommation spéciale qui leur sera envoyée ; qu'enfin, s'ils ne voulaient pas produire, ils ont le droit d'y renoncer dans des formes déterminées.

Ces lettres seraient imprimées et contiendraient toutes les indications propres à mettre le créancier parfaitement au courant de toutes les formalités qu'il devra remplir ; il connaitra ainsi ses devoirs, et saura à quoi il s'expose en n'obéissant pas à l'invitation du juge-commissaire.

Quant au saisi, comme il ne se présente généralement pas, et qu'il est cependant nécessaire de procéder immédiatement, même hors sa présence, il faudra bien, non pas lui envoyer une lettre chargée, qui ne permettrait pas de donner défaut contre lui, mais une sommation par huissier, afin qu'il soit dès ce moment en demeure de se présenter à la convocation, prendre communication des productions et faire tels contredits qu'il jugera convenables. Cette sommation ne serait pas renouvelée; son absence, constatée à la première réunion, permettrait de passer outre, sans être obligé de le mettre de nouveau en demeure en cas de nouvelle convocation.

Délai pour produire. Je proposerai de fixer à vingt jours le délai imparti aux créanciers pour produire, et je ne crois pas que ce temps puisse être sérieusement déclaré insuffisant. Bien que divers auteurs aient prétendu que le mois accordé par l'art 660 était bien court, il est certain, cependant, qu'aujourd'hui les facilités de communication de toutes sortes, qui sont à la disposition des créanciers, doivent permettre d'abréger un délai que déjà, en 1806, le Tribunat avait trouvé exagéré.

D'ailleurs, les vingt jours proposés suffisent largement aux productions en matière de faillite; pourquoi n'en serait-il pas de même pour les contributions ? Il faut, en effet, considérer que depuis longtemps les créanciers savent leur débiteur en mauvaises affaires, qu'ils viennent de former des oppositions, et par conséquent doivent avoir leurs titres tout prêts : qu'on les avertit tout à la fois à leur domicile réel et au domicile élu, celui de leur mandataire chargé des poursuites, et détenteur des titres : qu'enfin une contribution ne suit jamais de bien loin la déconfiture d'un débiteur.

On ne saurait prendre comme point de comparaison le délai de quarante jours accordé en matière d'ordre, car une créance hypothécaire réside souvent pendant de très nombreuses années sur un immeuble avant qu'un ordre ne s'ouvre, et, dès-lors, les justifications à fournir doivent être beaucoup plus considérables et plus difficiles à obtenir, ce qui n'arrivera jamais pour une contribution.

Si la loi accorde quarante jours avant de prononcer la forclusion, c'est qu'il s'agit d'une créance d'une nature toute privilégiée.

qu'il est toujours grave d'exclure sur une simple sommation, et qu'on peut ainsi ruiner complétement le créancier hypothécaire qui n'a plus d'autre gage : dans la contribution, au contraire, la créance est souvent très peu importante, et le créancier, s'il n'est pas payé, ne perd pas l'espoir d'être remboursé par le débiteur.

D'ailleurs, en supposant que le délai de vingt jours fût insuffisant pour quelques-uns, ils ne seront pas fatalement forclos, ainsi que je le dirai plus loin : il faudra encore leur envoyer une sommation régulière, qui nécessitera un nouveau délai de quinzaine : ainsi les créanciers, loin de perdre à l'état de choses que je propose, y gagneront cinq jours.

Je proposerai donc de fixer à vingt jours le délai pour produire : mais sera-ce à peine de forclusion ? Cette question, vivement discutée au sujet de l'art. 660, ne peut se produire ici. Car il est évident qu'un créancier, averti par une simple lettre, ne peut être forclos, en cas de non comparution. Il en résulte que s'il produit après l'expiration de ces vingt jours, cette production devra être acceptée, jusqu'au jour où le juge commissaire clora son procès-verbal : j'examinerai plus tard chacun des cas qui pourraient survenir à ce sujet.

Production. La production devra contenir, d'abord, demande en collocation, soit par privilége, soit au centime le franc, avec indication de la créance du produisant en capital, intérêts et accessoires ; l'état détaillé des frais réclamés y sera joint : s'ils ont été taxés, l'original de cette taxe suffira : s'ils ne l'ont pas été, les pièces à l'appui seront nécessaires. Tous autres frais réclamés postérieurement ne pourront être colloqués.

Cette disposition a pour but de fixer le juge-commissaire sur la nature de chaque créance, et d'éviter les lenteurs inouïes que les parties mettent à produire leurs frais, et qui seraient encore plus considérables, si elles n'avaient pas d'avoués. Au lieu qu'en les forçant à déposer sans faute leurs frais à l'appui de la production, les créanciers avertis sauront se mettre en mesure.

La production contiendra une élection de domicile dans la ville où siége le tribunal : on évitera ainsi, en cas de contestation, les assignations aux domiciles réels, souvent éloignés, ou aux domiciles élus à de grandes distances, quand l'opposition a été faite hors de l'arrondissement.

Elle contiendra encore l'affirmation par le créancier lui-même ou son avoué chargé spécialement de cette formalité, que la créance est sincère et véritable, et il sera fait mention expresse des à-comptes qui auraient été payés. L'affirmation aurait un but utile à cette période de la procédure : j'expliquerai plus tard pourquoi je ne le fais pas renouveler devant le juge-commissaire. De plus je demande que les créanciers s'expliquent sur les à-comptes reçus, car ils sont très souvent tentés de les oublier : en présence d'une interpellation formelle, ils prêteront à ce détail un peu plus d'attention.

Enfin tous les titres et pièces seront déposés à l'appui.

Je termine ce sujet en faisant remarquer qu'on pourrait très utilement ordonner que toutes les productions soient faites sur un modèle uniforme, ainsi que cela se pratique dans certains tribunaux de commerce. Mais, dans tous les cas, les greffiers devraient veiller à ce que les productions déposées continssent toutes les énonciations exigées, et pourraient les refuser si elles n'étaient pas complètes.

—

CHAPITRE IV

RÉUNION DEVANT LE JUGE COMMISSAIRE

§ Ier. — *Du cas où tous les Créanciers sont présents.*

Arrivons maintenant à l'expiration du délai accordé aux créanciers pour produire. Dans les trois jours qui suivront, le juge-commissaire devra réunir devant lui, pour procéder au règlement, les créanciers, le saisi, et, si la somme à distribuer est le prix d'un immeuble, l'adjudicataire, qui ont tous été avertis par leurs lettres d'avoir à se présenter à cette convocation.

Les créanciers devront-ils venir en personne, ou employer l'intermédiaire forcé d'un avoué ? J'ai essayé plus haut de démontrer combien la présence seule des avoués dans cette procédure était une cause de frais considérables, qui en définitive retombent toujours sur le saisi, bien que celui-ci n'ait d'autre tort que d'être en mauvaises affaires, ce qui d'ailleurs contribue à le perdre encore davantage : j'ai ajouté qu'il me semblait nécessaire de chercher un remède à cet état de choses, et que le seul moyen, selon moi, serait de permettre aux créanciers de se présenter en personne, afin de supprimer l'intermédiaire forcé de l'avoué, et diminuer ainsi tous les frais que sa présence seule exige. Le créancier empêché de venir se fera-t-il remplacer par un mandataire, alors les frais de ce mandat retomberont sur celui qui l'a donné, et le saisi ne devra jamais les supporter.

Mais ce mandataire sera-t-il forcément un avoué? La loi de 1858 n'a pas tranché cette question pour les ordres amiables, mais il me semble qu'elle doit être résolue dans un sens favorable aux avoués. En effet d'abord, leur enlevant l'intermédiaire forcé dont ils jouissent, ne serait-ce pas justice de les laisser au moins devenir les seuls mandataires dont l'emploi soit autorisé? Mais ensuite, et, selon moi, c'est la vraie raison, il faut, à tout prix, éloigner les agents d'affaires des procédures de ce genre, où, plus que partout ailleurs, les difficultés sont facilement soulevées ; et je n'ai pas besoin de faire remarquer que tout le monde leur donne la réputation de ne chercher jamais qu'à faire naître les procès.

C'est donc un véritable danger qu'il faut conjurer immédiatement, et, je crois, le seul moyen serait de n'admettre que les avoués à se présenter comme mandataires des créanciers empêchés. Car autrement, si l'on accepte même les autres officiers ministériels, il faudra faire semblable concession aux avocats ; mais ce titre est emprunté par tous ceux qui s'occupent d'affaires, et alors on retombe dans le danger que je signale. Au contraire, les avoués ont l'habitude de ces réunions, leur honorabilité et leur expérience sont connues, ils prêteront toujours un utile concours au juge-commissaire, et au lieu d'envenimer les discussions, ils seront les premiers à résoudre toutes les difficultés qui se présenteront, autant qu'ils le pourront. Je propose donc de les admettre seuls à représenter les parties qui seraient empêchées; et je dois le dire, les formalités exigées pour la production et la réunion des créanciers, auront la plupart du temps pour résultat de les faire charger des intérêts des parties convoquées. Mais bien entendu, les frais de leur intervention ne retomberont jamais à la charge du saisi.

L'avoué poursuivant doit être toujours présent à cette réunion, pour recevoir du juge-commissaire les instructions nécessitées par la marche de la procédure.

Le juge-commissaire, après avoir constaté si le saisi est présent, le met en demeure immédiatement d'élire un domicile dans la ville ou siége le tribunal, afin qu'en cas de contestation, on ne soit pas obligé de l'assigner à son domicile qui peut être éloigné, et il prend note de sa déclaration : ou, si le saisi n'est pas présent, il donne défaut contre lui et passe outre.

Ensuite, il rend compte aux créanciers de la somme à distribuer, et examine devant eux chaque créance produite, les interpelle, ainsi que le saisi, pour savoir si aucune contestation ne se produit, et, s'il n'y en a pas, et que d'ailleurs la créance lui paraisse justifiée, il déclare la production admise, et en fait mention sur son procès-verbal.

Lorsque, tous les créanciers vérifiés et admis, il ne s'est élevé aucune contestation, le juge-commissaire clot son procès-verbal en déclarant aux parties présentes, que le réglement de la contribution est définitivement arrêté sur les bases de la production de chaque créancier, qu'il sera rédigé sans délai, et qu'ils seront informés de leur collocation, afin qu'ils puissent s'assurer qu'il n'y a pas eu d'erreurs commises. Les créanciers et le saisi signeront ce procès-verbal en même temps que le juge-commissaire et le greffier, afin que leur adhésion soit authentiquement constatée.

Ainsi, dans ce premier cas, lorsque tous les créanciers se sont présentés et qu'aucune contestation n'est soulevée, la distribution sera arrêtée définitivement : la procédure n'aura pas duré un mois depuis la réquisition d'ouverture ; elle n'aura donné lieu qu'à des frais insignifiants ; et ce résultat sera obtenu fréquemment, car, en supposant même que les créanciers soient nombreux, irrités contre le saisi. le juge-commissaire par sa présence seule devra imposer assez pour que la modération soit au moins obtenue dans toutes ces discussions: il saura leur faire comprendre combien ils auraient tort d'entraver, par des contestations inutiles, la marche de la procédure, qu'ils ne pourraient, en agissant ainsi, que soulever des procès et se rendre peut-être passibles de dommages-intérêts, à cause du retard qu'ils nécessiteront. Dès-lors, il est permis de penser qu'ils se soumettront à l'autorité du magistrat, et finiront par s'entendre. C'est pour arriver plus sûrement à ce résultat, que j'ai proposé la nomination d'un juge spécial qui, habitué à ces affaires délicates, saura y apporter avec une expérience plus complète, une grande fermeté qui imposera davantage.

Et certes, le rôle que le projet lui réserve n'est pas de nature à compromettre son autorité ni son indépendance : il ne sera pas, comme on pourrait le dire, le rédacteur de la pensée des créanciers, mais leur guide: il ne leur imposera pas son avis, comme aujourd'hui, sauf à être désavoué par le Tribunal, mais il leur donnera ses conseils, et, selon les termes de la circulaire ministérielle du 2 mai 1859, *il ne donnera sa sanction à l'arrangement des créanciers qu'autant qu'il le trouvera conforme aux règles de la justice,* et si leurs prétentions ne lui paraissent pas fondées, il pourra de sa propre autorité les déférer au Tribunal.

Dira-t-on que la réunion des créanciers ayant lieu immédiatement après l'expiration du délai fixé pour produire, aucune communication des dossiers ne sera possible avant la convocation, de telle sorte que ni le juge-commissaire ni les intéressés ne pourront à temps se rendre compte des contestations qu'ils pourraient soulever? En ce qui touche le juge-commissaire, cette brièveté du délai n'est pas une objection, car il faudra bien peu de temps à ce magistrat pour examiner les dossiers, même s'ils étaient nombreux, et les trois jours qui lui sont laissés seront toujours suffisants.

En ce qui touche les créanciers et le saisi, je dirai d'abord que généralement cet examen est une chose très facile et souvent inutile, car une contribution comprend fréquemment des créances résultant de fournitures, de prêts d'argent sans titre, de billets souscrits, de gages de domestiques, pour lesquelles ou il n'y a pas de pièces à l'appui, ou, s'il y en a, la vérification peut en être faite à l'instant.

Mais enfin il peut se faire, je le comprends, que des créanciers, sans toutefois contester de suite, justifient au juge-commissaire qu'il leur est indispensable d'examiner certaines productions, de faire des recherches quelquefois longues et difficiles, afin de se rendre compte de la sincérité de la créance, et motiver leurs contestations, enfin qu'il fassent des réserves de contredire.

Dans ce cas, le juge-commissaire, après avoir constaté la présence de tous les créanciers, et l'admission non contestée des uns, clora son procès-verbal, en déclarant ceux-ci définitivement colloqués, et admettra provisoirement ceux qui auraient donné lieu à cette demande de sursis.

Le procès-verbal, signé par toutes les parties, restera, ainsi que tous les dossiers, au greffe, pendant dix jours, à la disposition des intéressés, qui seront admis à fournir leur dire de contestation : passé ce délai de dix jours s'il n'y a aucun dire, désormais aucune contestation ne sera reçue, et le juge-commissaire procédera au réglement comme s'il n'y avait eu aucune difficulté, les créances admises provisoirement seront alors considérées comme définitivement colloquées ; au contraire, s'il a été fait un dire de contestation, le juge-commissaire renverra les parties à l'audience, ainsi qu'il sera expliqué plus loin.

Mais pourquoi réduire à dix jours le délai pour contredire ? Ce temps me paraît suffisant, par ce motif que les créanciers ou le saisi, qui ont été présents à la réunion devant le juge-commissaire, et qui ont eux-mêmes formulé leurs griefs contre les créances attaquées, n'ont plus besoin que du temps nécessaire pour prendre tous les renseignements à l'appui de leurs observations, tandis qu'aujourd'hui le délai de quinzaine est accordé aux créanciers non-seulement pour venir prendre communication de tout le réglement provisoire, mais encore fournir leurs contestations. Il en résulte qu'en définitive, le délai de dix jours représente à peu près le même temps que celui donné actuellement, puisque la communication sera toute faite.

Quant au saisi qui n'aurait pas été présent, il a déjà été sommé de venir devant le juge-commissaire et de prendre communication de ce qui serait fait, il est en faute s'il ne s'est pas présenté: il faut lui tenir compte du temps depuis lequel il a reçu cette sommation. et qu'il aurait pu employer à prendre communication des dossiers ; le délai de dix jours, même à son égard, me semble suffisant.

Il est bien entendu, pour trancher la question aujourd'hui soulevée au sujet de l'article 664, que ce délai sera à peine de forclusion expresse, et que, passé les dix jours, aucune contestation ne pourra, non pas seulement être recevable, mais être reçue par le greffier : et si par erreur elle a été insérée au procès-verbal, elle sera considérée comme nulle, et le juge-commissaire devra passer outre sans y faire droit.

J'ajoute, pour répondre à une dernière objection, que si tous les créanciers présents sont tellement nombreux, qu'il soit matériellement impossible au juge-commissaire de terminer la vérification en une seule séance, ce qui d'ailleurs sera bien rare, celui-ci pourra remettre la réunion au lendemain pour continuer les opérations, en présence des mêmes parties qui devront s'y trouver.

—

§ 2. — *Du cas où des Créanciers feraient défaut.*

Dans le cas où des créanciers feraient défaut, le juge-commissaire devra les condamner à l'amende de 25 francs adoptée par la loi de 1858 ; cette amende, dont ils pourront être relevés, s'ils donnent des raisons plausibles de leur absence, sera recouvrée par l'administration, et prélevée autant que possible sur leur dividende, par une disposition spéciale du réglement.

Il peut se faire cependant qu'un créancier ne veuille pas se présenter, par exemple, afin de ne pas être obligé de faire de nouveaux frais pour obtenir un dividende insignifiant, ou bien qu'il ait été appelé par erreur, ou ait été remboursé ; dans ce cas, s'il veut éviter l'amende, il pourra se dispenser de venir, en envoyant au juge-commissaire, une déclaration signée de lui, par laquelle il renoncera à toute collocation. Cette déclaration devra être faite sans aucune réserve, elle sera légalisée par le maire, afin d'éviter des abus, et adressée affranchie au greffier qui devra l'annexer immédiatement sans frais au procès-verbal.

Cette disposition, déjà admise dans l'application de la loi de 1858, peut ici produire des résultats plus étendus, car en matière d'ordre, les erreurs sont difficiles, les créances plus considérables, et les remboursements toujours suivis de la main-levée des inscriptions, tandis que, dans les contributions, les créanciers, s'ils n'ont pas fait de saisie-arrêt, sont quelquefois connus d'une manière vague, et les chiffres des créances souvent insignifiants ; aussi je considère cette facilité de renonciation comme un complément indispensable à la procédure que je propose.

Le créancier contre lequel le juge-commissaire a donné défaut, ne pourra, disais-je plus haut, être déclaré forclos du droit de produire, car la lettre qui lui a été envoyée ne peut, du moins aujourd'hui, être considérée comme une mise en demeure. Il faudra donc lui envoyer une sommation par huissier, afin de pouvoir l'exclure définitivement, s'il n'y obéit pas.

Mais cette absence du créancier nécessitera-t-elle que la procédure soit reprise entièrement envers tous les intéressés, ou bien faudra-t-il seulement ne recourir aux formes judiciaires que pour le défaillant?

Je crois, ainsi que je l'ai déjà expliqué, que ce dernier mode est très praticable et très avantageux; voici comment je le comprends : le juge-commissaire, après avoir vérifié et admis tous les créanciers présents, et constaté l'absence du défaillant, dira, par ordonnance mise à la suite du procès-verbal, que celui-ci sera sommé par les soins de l'avoué poursuivant, présent à la réunion, et par le ministère d'un huissier commis, à comparaître à une nouvelle convocation, dont le jour sera fixé ainsi qu'il va être expliqué. Nous retrouvons ici la véritable place du permis de sommer qui a alors un objet utile, et n'est plus une répétition du procès-verbal d'ouverture. Ce permis de sommer ne doit être ni levé, ni signifié, car ce sont là des frais dont la loi de 1858 a reconnu elle-même l'inutilité.

En même temps le juge-commissaire préviendra les créanciers

présents et le saisi d'avoir à revenir à cette nouvelle réunion dont le jour et l'heure ont été indiqués, et sans nouvelle convocation. Il leur déclarera qu'à cette séance le procès-verbal sera clos définitivement, et que, faute par eux de s'y trouver, il sera passé outre à l'admission des créances nouvellement produites, nonobstant leur absence, sauf toutefois leur recours par voie de contestation dans le délai fixé. Et ainsi la procédure judiciaire ne sera employée que vis-à-vis du défaillant, les autres seront avertis verbalement. On aura évité de la sorte les sommations à tous les créanciers présents, et par conséquent une somme considérable de frais.

Mais une grave question se présente ici : devra-t-on accorder au défaillant un temps aussi long que précédemment pour produire, ou faudra-t-il simplement lui envoyer une sommation à courte échéance, destinée surtout à permettre de donner défaut contre lui? C'est cette dernière solution que je proposerai. Et en effet, depuis l'envoi des lettres, il s'est déjà écoulé vingt jours au moins; si le créancier n'a pas produit, il peut être dès à présent considéré comme refusant de se présenter, et lui accorder un délai nouveau, ce serait vouloir faire traîner la procédure en longueur. On peut, il est vrai, admettre que, par impossible, le créancier défaillant n'ait pas reçu sa lettre d'avis, soit prévenu pour la première fois par la sommation, et que l'on doive au moins lui accorder un temps suffisant pour produire : mais il faut aussi reconnaître que ce cas est peu admissible, et qu'au contraire il se pourrait que des créanciers, par négligence ou par un calcul coupable, attendissent jusqu'au dernier moment pour se présenter, quel que fût le délai accordé, ne serait-ce que pour éviter la contradiction par une production tardive. Dès lors, si, d'un côté, il faut laisser le temps nécessaire au défaillant pour pourvoir à ses intérêts, de l'autre, il ne faut pas donner aux retardataires négligents ou de mauvaise foi les moyens de faire traîner la procédure. Quant à moi, je pense que l'on peut, sans tomber dans l'excès, fixer à une semaine le temps à donner au défaillant pour produire. En huit jours, il aura certainement les moyens de pourvoir à ce que sa production, avec ses titres et toutes ses pièces, soit déposée, et de charger un avoué de se présenter pour lui, s'il ne peut le faire lui-même. N'a-t-il pas tous les modes de communication à sa disposition : la poste, le télégraphe, etc. Et d'ailleurs il est si peu probable qu'il n'ait pas été averti déjà par la lettre du juge-commissaire, que sa position ne peut inspirer grand intérêt, lorsqu'on voit qu'il aura eu ainsi trente-cinq jours pour produire.

Mais il faudra encore calculer le temps nécessaire à l'avoué poursuivant, pour dresser la sommation et la faire signifier par l'huissier commis, et, en tenant compte de la distance où il peut être nécessaire d'aller avertir le créancier, s'il n'avait pas élu domicile, il faudra bien encore une semaine, afin de laisser un temps suffisant pour cette notification.

Ainsi : huit jours (non francs), pour la signification de l'acte, et le même délai accordé au créancier pour produire : le juge-commissaire devra donc remettre à quinzaine la réunion des créanciers, afin de régulariser la procédure vis-à-vis du défaillant.

La sommation devra lui être faite dans la semaine qui suivra le permis de sommer, *à peine de nullité* et de dommages-intérêts contre l'officier ministériel qui aurait ainsi, par son fait, nécessité une nouvelle réunion de créanciers et une nouvelle sommation. Toutefois cette nullité serait couverte par le fait seul de la production déposée par le créancier, qui prouverait ainsi avoir reçu à temps la signification. Cet acte sera rédigé et envoyé par l'avoué poursuivant à l'huissier commis, lequel, en cas d'empêchement, pourra le faire signifier par un confrère, qui sera toutefois tenu d'indiquer la cause de cette substitution : il est en effet nécessaire que le juge-commissaire désigne un huissier pour assurer la régularité de la notification, et, d'un autre côté, il faut prévoir les cas d'absence ou d'empêchement de celui-ci et lui laisser, à cause de la brièveté du délai, le moyen de ne pas encourir de responsabilité s'il ne pouvait signifier cet acte lui-même. L'original de cette sommation sera annexé sans frais au procès-verbal, avant la seconde réunion devant le juge-commissaire.

L'huissier pourra-t-il se plaindre du peu de temps qu'il aura pour cette signification? Mais, en calculant bien, on voit qu'il ne faut que trois jours au plus, pour qu'elle lui parvienne, même en supposant qu'elle soit adressée d'une extrémité du territoire à l'autre: et si l'avoué poursuivant a dressé son acte et l'a envoyé aussitôt après la réunion. l'huissier commis aura certainement au moins quatre jours pour le signifier, et ce délai est bien suffisant.

Et d'ailleurs, la distance ne sera pas généralement si grande. La sommation ne sera envoyée au créancier. à sa demeure, qu'à défaut de domicile élu dans son opposition, ainsi que cela se pratique constamment aujourd'hui : et le plus souvent la contribution s'ouvre au Tribunal dans l'arrondissement duquel les domiciles ont été élus ; il faudra donc dans ce cas beaucoup moins de temps pour cette notification : je crois donc pouvoir persister sans crainte à proposer ce délai.

La mise en demeure contiendra. outre l'avis de la convocation, celui de l'amende prononcée. et de la forclusion qui sera encourue s'il fait encore défaut. Elle avertira le créancier qu'il peut renoncer à sa collocation dans la forme expliquée plus haut, et lui fournira, s'il veut produire, toutes les indications nécessaires pour qu'il ne puisse commettre d'erreurs. On pourra ainsi lui éviter des retards et une correspondance multipliée, en lui faisant connaître comment doit être rédigée sa production, qu'elle doit être signée et affirmée par lui, ou par l'avoué, son mandataire, et que l'état des frais doit y être joint, avec toutes les pièces à l'appui. Le créancier. averti de ce qui a été fait contre lui en son absence, et de ce qui le menace, s'il ne produit pas dans le délai indiqué, devra être réputé renonçant dans le cas où il ne se présenterait pas.

Est-il possible que cette sommation adressée au créancier, et le délai qui lui est accordé, deviennent une source d'abus, et qu'afin d'obtenir ainsi 35 jours au lieu de 20, celui-ci se dispense souvent de se présenter à la première convocation du juge-commissaire ? Je peux admettre qu'il en arrive ainsi quelquefois, et qu'un créancier, n'étant pas en mesure pour produire dans les 20 jours, préfère encourir l'amende, plutôt que de ne pas représenter ses titres, et être contesté. Mais ce sera pour lui seulement un moyen de gagner du temps, dans le cas où il n'en aurait pas eu assez avant la première convocation. Ce fait se présentera-t-il souvent ?

je ne le pense pas, car la plupart du temps les 20 jours accordés seront suffisants. Dans tous les cas, je ne peux supposer qu'un créancier fasse défaut dans le but seul d'empêcher un réglement immédiat, car non-seulement il nuirait à ses propres intérêts, en retardant la procédure, mais encore il encourrait l'amende et aurait à payer la sommation qui lui sera envoyée.

Je termine ce sujet, en examinant ce qui devrait arriver dans le cas où des créanciers auraient produit avant la réunion, mais ne se présenteraient pas, sans que cependant leur créance donnât lieu à aucune difficulté. Faudrait-il, par le seul fait de leur absence, remettre une réunion où tous les intéressés paraissent d'accord? Je ne le crois pas. En supposant que les défaillants aient eux-mêmes des contestations à soulever, on pourrait seulement leur réserver la possibilité de le faire, et cependant clore immédiatement le procès-verbal, qui serait alors, comme ci-dessus, laissé à leur disposition au greffe du Tribunal pendant dix jours, pour recevoir leurs contestations, et après ce délai, faute de contredits, deviendrait définitif.

Cette disposition s'appliquerait non-seulement aux créanciers avertis par lettres, mais encore à ceux qui, ayant été prévenus seulement par l'insertion au journal, auraient spontanément produit entre les mains du greffier, qui les aurait mis en demeure de se présenter à la convocation.

Dans le cas où la production du créancier défaillant serait sujette à difficultés, il deviendrait nécessaire de renvoyer à l'audience; mais dans ce cas, comme dans celui où lui-même contesterait les collocations admises en son absence, et nécessiterait ainsi une procédure plus considérable, il devrait seul supporter les frais supplémentaires qu'il aurait occasionnés.

Si l'adjudicataire tiers-saisi fait défaut, son absence ne donnera lieu à aucune signification: en effet, il n'a aucun intérêt à la distribution de la somme dont il est détenteur; il est censé s'en rapporter à justice; le plus souvent du reste, surtout à cause des facilités accordées par la loi de 1858, l'adjudicataire aura déposé son prix, et par conséquent sera tout-à-fait en dehors de la procédure, et ne devra pas même y être appelé.

§ 3. — *Deuxième réunion des Créanciers.*

Lorsque l'absence d'un créancier aura nécessité une deuxième réunion, j'ai dit qu'elle aurait lieu à la quinzaine de la première. Je crois, toutefois, que l'on ne pourrait attacher de nullité à l'inobservation de ce délai, car il peut expirer un jour férié ou pendant les vacances : le juge-commissaire pourrait alors le proroger jusqu'au jour le plus prochain.

Cette réunion sera la dernière : le juge-commissaire, quels que soient les motifs allégués, ne pourra, dans aucun cas, remettre la séance à un autre jour, car il faut réduire les délais de cette procédure, et empêcher la négligence et les lenteurs calculées.

Examinons maintenant quels seront les résultats de la sommation envoyée au créancier défaillant. S'il dépose à temps sa production, et se présente devant le juge-commissaire, le réglement sera aussitôt arrêté avec l'assentiment des autres intéressés : en cas de contestations, le juge-commissaire renverra de suite les parties à l'audience : c'est la répétition de ce qui se passe à la première séance. Le juge pourra décharger le défaillant de l'amende prononcée, si ses explications sont suffisantes, sinon il devra maintenir cette amende, et la prélever sur son dividende, ainsi que les frais de la sommation qu'il a motivée, qui ne sera plus ainsi supportée par la masse : sa décision à ce sujet sera sans appel.

Si le créancier défaillant produit régulièrement, mais ne se présente pas devant le juge au jour de la réunion, il faudra bien, comme plus haut, admettre sa production, si elle n'est pas contestée : mais l'amende devra être définitivement maintenue, et de plus, si des contestations survenaient, la procédure superflue à laquelle il aurait donné lieu sera mise à sa charge, ainsi que je l'indiquerai plus loin.

Enfin, si le créancier ne produit pas, et ne se présente pas non plus à la seconde convocation, ou s'il se présente sans avoir produit (ce qui est presque impossible, puisqu'une production peut être faite et déposée sans délai), le juge-commissaire le déclarera forclos définitivement, et aussitôt procédera à la clôture du procès-verbal à l'égard des autres créanciers.

La forclusion ainsi prononcée est irrévocable et de plein droit; c'est ainsi que le décident aujourd'hui l'art. 660 et une jurisprudence presque constante, bien que cette question ait été plusieurs fois discutée; elle se trouvera ainsi définitivement tranchée.

Si des créanciers non sommés avaient spontanément produit pendant l'intervalle des deux réunions, mais ne se présentaient pas à la deuxième, malgré l'avis qu'ils auront reçu verbalement du greffier, on devrait sans doute admettre leur production faute de contestation, mais ils n'auraient pas à supporter d'amende, puisque leur intervention n'a pas été provoqué. Toutefois, si, comme les créanciers sommés, ils donnent lieu à des contestations, la procédure superflue nécessitée par leur absence retombera à leur charge.

Il en sera de même des créanciers vérifiés et admis à la première réunion, qui se dispenseraient de revenir.

Mais si ces derniers manquent à cette seconde séance, comment sera-t-il possible d'admettre, hors leur présence, des productions qu'ils ne connaissent pas? Il est certain que l'on ne pourrait les sommer à leur tour pour une troisième convocation, car il n'y aurait pas de raison pour ne pas continuer indéfiniment; aussi ai-je proposé de dire que cette deuxième réunion serait la dernière. Mais comme, d'un autre côté, les créanciers et le saisi ne peuvent être déchus du droit de contredire pour une absence, peut-être accidentelle, à une réunion d'une durée fort limitée, il est, je pense, nécessaire de leur réserver le moyen de contester.

De leur côté, les créanciers présents pourront aussi avoir besoin de temps pour s'édifier sur la valeur des productions déposées au dernier moment. Il serait injuste de leur refuser ce droit puisqu'on l'accorde après la première réunion.

Enfin, les créanciers retardataires, qui ne se présentent qu'au second rendez-vous, ne pourront-ils pas aussi avoir des objections à faire, non-seulement contre les productions vérifiées à cette séance, mais encore contre celles admises à la première?

Il faut donc réserver le délai nécessaire pour que ces contestations puissent être soulevées. Je proposerai de le fixer à dix jours, ainsi que je l'ai déjà fait pour la première convocation devant le juge-commissaire. Ce délai courra donc : 1° de plein droit, et sans qu'ils aient besoin de le demander, au profit des créanciers et du saisi absents, à la deuxième réunion, contre les productions faites depuis la première; 2° et encore, au profit des créanciers retardataires, contre les productions déposées antérieurement, et au profit des autres créanciers et du saisi présents à la seconde convocation, contre les productions qui y ont été admises : mais dans ce second cas le délai pour contredire ne sera accordé qu'à ceux qui l'auront formellement requis, et auront fait des réserves contre les productions admises; et cette distinction a sa raison d'être, car lorsqu'un créancier ou le saisi signe le procès-verbal sans réserves, il y a, avec les autres parties, un contrat formé sur lequel ils ne peuvent revenir.

Le juge-commissaire, aussitôt après avoir admis les productions nouvelles, faute de contestations, déclarera clos son procès-verbal, et avertira, comme ci-dessus, les parties présentes, que le réglement sera rédigé immédiatement, ou après l'expiration du délai d'opposition, s'il y a lieu; il les préviendra enfin que chaque créancier sera colloqué d'après sa production non contestée, et qu'il leur sera donné connaissance du montant de leur collocation. Ces déclarations seront inscrites au procès-verbal pour profiter aux défaillants, s'il y en a.

Ce procès-verbal, ainsi que toutes les productions, restera au greffe à la disposition de tous les intéressés, qui pourront en prendre communication, et contester, s'ils en ont le droit.

Ainsi que je l'ai dit plus haut, les contestations seront admises dans les dix jours seulement; après ce délai, aucun dire ne sera reçu, et le juge-commissaire procédera aussitôt au réglement sur les bases acceptées par les parties, si aucune difficulté n'a été soulevée; sinon il renverra les parties à l'audience.

Fera-t-on, à la seconde convocation devant le juge-commissaire, cette objection qu'elle sera un sujet de déplacements considérables pour les créanciers et pour le saisi, et que, pour éviter cette double comparution, les parties colloquées la première fois se dispenseront de venir à la seconde réunion ?

Je répondrai d'abord que l'on ne peut vraiment critiquer la fréquence des réunions puisqu'elles ne peuvent s'élever à plus de deux. La loi de 1858 admet parfaitement la possibilité de plusieurs réunions dans la même affaire, puisqu'elle accorde une limite à ces tentatives de conciliation devant le juge-commissaire. En matière de faillite, on voit les créanciers convoqués très fréquemment pour l'admission des productions, et pour délibérer sur la suite à donner à la liquidation. Les créanciers se plaignent-ils de ces convocations nombreuses?

N'est-il pas au contraire probable que ces réunions se réduiront à une seule la plupart du temps? car les créanciers craindront l'amende et se présenteront.

Mais enfin, en supposant même que cette deuxième convocation fût fréquente, ne vaut-il pas mieux pour les créanciers se représenter encore, que d'avoir à payer les frais énormes qui grèvent aujourd'hui cette procédure: ce sont deux inconvénients dont il faut choisir le moindre.

Il est possible, je le reconnais, que des créanciers se dispensent de revenir à la deuxième réunion, une fois qu'ils auront été admis; toutefois, comme ils auront été avertis par le juge-commissaire que les créanciers nouveaux qui se présenteraient pourraient élever des contestations sur leurs créances, ce qui nécessiterait une procédure plus coûteuse pour les appeler à l'audience, et qu'ils en seraient responsables, cette crainte d'une contestation possible et d'une note de frais à payer, sera suffisante, je crois, pour les inviter à revenir. D'ailleurs, il y aurait un moyen de les y contraindre: ce serait de les condamner à l'amende s'ils ne se représentaient pas.

Le procès-verbal dressé par le juge-commissaire n'est-il pas, dira-t-on, une reproduction du réglement provisoire actuel ? Où est donc le changement apporté? Quant à moi, je fais une grande différence. En effet, le réglement provisoire n'a en lui aucune force : ce n'est qu'un projet qui doit toujours être recommencé, tandis que le procès-verbal dressé par le juge-commissaire sera, en cas d'accord entre les parties, un véritable contrat authentique, dont il est nécessaire seulement de régler la mise en exécution. Il se rapproche peut-être un peu du réglement provisoire, dans le cas où il est susceptible de contestations: mais alors même, il reprend toute sa valeur propre. si aucune difficulté n'est soulevée. tandis que le réglement provisoire ne reste jamais que provisoire.

S'il y a des contestations. il faut bien admettre que. dans toutes les procédures possibles, le procès qui s'engage laissera en suspens la distribution qu'il doit affecter. L'objection me semble donc réfutée d'avance.

J'ai terminé les explications relatives aux formalités qui doivent précéder le réglement de la contribution, lorsque, ce qui arrivera fréquemment d'ailleurs, elle ne sera embarrassée par aucune contestation. Il me reste à examiner. si des contredits ont été soulevés, quelle procédure devra être employée pour leur solution.

Toutefois, avant d'aborder ce sujet, je dois prévoir le cas où les difficultés soulevées seraient complétement étrangères à certains créanciers, qui pourraient être payés sans que le résultat de la contestation en fût modifié. Par exemple. lorsque la contestation ne porte que sur des créances chirographaires, le créancier privilégié peut être immédiatement payé sans inconvénient, car le sort de la contestation ne peut l'atteindre. Je proposerai donc de permettre au juge-commissaire, en même temps qu'il renverra les contestations à l'audience, et s'il ne s'élève d'ailleurs aucune difficulté à cet égard, de procéder à la confection d'un réglement partiel, au moyen duquel les créanciers y colloqués pourront être remboursés sans délai. Ce n'est pas d'ailleurs une innovation : la pratique a consacré depuis longtemps cet usage, admis par la jurisprudence et par la loi sur les ordres.

—

CHAPITRE V

DES CONTESTATIONS

§ 1er. — *Du renvoi à l'audience.*

Les contestations peuvent être soulevées sur le procès-verbal dressé par le juge-commissaire, soit par les créanciers, soit par le saisi; mais encore le juge lui-même peut d'office refuser d'admettre une production, ou ne la colloquer qu'à un rang différent de celui demandé, et, si la partie persiste, la renvoyer de sa propre autorité devant le tribunal pour faire apprécier sa prétention.

Ces contestations faites par les créanciers ou le saisi seront insérées dans un dire sur le procès-verbal. Ce dire, signé d'un avoué et portant sa constitution, devra contenir l'articulation complète des griefs reprochés, et tiendra lieu de conclusions pour le contestant. Toutes ces formalités seront exigées à peine de nullité. Le juge-commissaire, de son côté, devra motiver également son renvoi à l'audience, afin de mettre le tribunal à même d'apprécier la difficulté qu'il lui a soumise.

La conséquence d'une contestation sera le renvoi immédiat à l'audience. Le juge-commissaire devra prononcer le renvoi, séance tenante, lorsque tous les créanciers et le saisi présents, l'un d'eux conteste, ou que le juge-commissaire lui-même croit devoir user de son droit pour refuser l'admission d'un créancier.

Autrement, dans le cas où un délai de dix jours est accordé pour contester le procès-verbal, ce ne sera qu'après l'expiration de ce délai que le juge-commissaire pourra prononcer le renvoi, car, jusqu'au dernier moment, les ayant-droit peuvent se présenter pour contredire.

On ne saurait en vérité prétendre que c'est une précipitation trop grande que d'imposer ainsi, sans répit, le renvoi à l'audience; et qu'on tombe dans un excès contraire en voulant éviter les lenteurs qui suivent souvent les contestations. Je ne crois pas qu'il y ait là une trop grande rapidité introduite dans cette procédure; car, enfin, ou bien le contesté reconnaîtra immédiatement qu'il a tort, et il aura jusqu'à l'audience assez de temps pour donner satisfaction, ou bien il croira pouvoir se défendre, et alors, dans son intérêt même, il faut hâter la solution. Enfin, s'il y a pour lui des recherches considérables à faire pour se rendre compte des prétentions du contestant, ne pourra-t-il pas demander et obtenir du tribunal les délais dont il justifiera avoir besoin? Il lui sera même encore possible d'arriver à un arrangement, quoiqu'il soit renvoyé à l'audience. En quoi sa position sera-t-elle mise en péril?

Les frais de l'instance resteront à sa charge, dira-t-on, si, vérification faite, il se reconnaît mal fondé, et ces frais auraient pu être évités, s'il avait eu plus de temps pour faire ses recherches. Je reconnais jusqu'à un certain point la valeur de l'objection : mais aussi l'on oublie que d'abord ces frais sont peu de chose, et en outre que, si l'on permet aux créanciers de traîner en longueur cette procédure, la perte des intérêts de la somme en distribution devient toujours plus considérable, les autres créanciers souffrent, et le saisi reste toujours dans sa position incertaine.

Il faut donc, pour éviter l'un et l'autre de ces inconvénients, que le juge-commissaire, tout en renvoyant les parties à l'audience, indique lui-même le jour où l'affaire sera appelée, de façon à ce que le délai imparti soit tout à la fois suffisant pour les recherches, et aussi qu'il ne soit pas assez étendu pour permettre les négligences. Je crois que dans ce double but on pourrait fixer ce renvoi à dix jours au moins et quinze au plus. Cette indication donnera une certaine latitude au juge-commissaire. En cas d'assignation, ce délai serait toujours de quinzaine, et en outre, s'il était nécessaire d'accorder au saisi des délais de distance, ils seraient ajoutés par le juge-commissaire.

Il devra donc indiquer sur son procès-verbal l'audience à laquelle l'affaire sera appelée, ainsi, du reste, qu'il procède en matière d'ordre ou d'enquête.

Quelles seront les personnes renvoyées à l'audience? Il n'y a pas de difficultés pour le contestant, le contesté et le saisi. La masse des créanciers devra également être représentée au procès, car elle est toujours intéressée à la solution de la question, quelle que soit la créance objet de cette discussion. Le Code de procédure actuel reconnaît cette nécessité de convoquer à l'audience la masse des créanciers, et il charge l'avoué le plus ancien des opposants (il faudrait dire des produisants) de représenter ces intérêts divers. Je proposerai donc de suivre la même manière de voir, et de faire également appeler la masse des créanciers à l'audience.

Mais, comme il n'y a plus à choisir entre les avoués, puisqu'il peut ne pas y en avoir un seul dans l'affaire, excepté le poursuivant et le contestant, le juge-commissaire devra désigner d'office un avoué pour représenter la masse. Celui-ci pourra être le poursuivant, car il connaît déjà toute l'affaire, et ce serait vraiment fâcheux de voir donner à un autre le bénéfice de cette procédure, lorsqu'on ne peut lui reprocher ni négligence, ni incapacité. De plus, l'avoué poursuivant ne peut être appelé à l'audience en cette qualité; il serait alors complétement mis de côté. Je voudrais donc qu'autant que possible on le chargeât de représenter la masse des créanciers, si d'ailleurs il n'a pas à soutenir d'autres intérêts.

Cette indication de l'avoué de la masse n'est pas la seule que devra faire le juge-commissaire : il devra encore désigner quel sera l'avoué chargé de suivre l'audience: et cette question a un intérêt, car il peut se faire, en cas de contestations, par plusieurs avoués, ou bien que chacun d'eux, de peur que l'affaire soit traînée en longueur par l'autre, et pour en retirer les émoluments, fasse la procédure nécessaire pour suivre l'audience; ou bien que, comptant les uns sur les autres, aucun d'eux ne s'en occupe; de telle sorte qu'ainsi on aurait, dans un cas un excès de frais, dans l'autre un abandon de l'affaire.

Le juge-commissaire devra donc charger le contestant, ou l'un des contestants, s'il y en a plusieurs, de suivre l'audience. Je dis les contestants, car, en règle générale, c'est au demandeur qu'incombe la preuve, et je crois cette marche préférable à celle de l'art. 666 qui laisse ce soin à la partie la plus diligente.

Lorsque le renvoi à l'audience aura lieu d'office par le juge-commissaire, sans qu'il y ait d'autre contestation, le magistrat devra charger l'avoué de la masse de faire la procédure nécessaire pour saisir le tribunal; on écartera ainsi la présence d'un autre avoué dans la cause, et il n'y aura en conséquence que le contesté et l'avoué de la masse, ainsi que le saisi.

---

§ 2. — *Procédure des Contestations.*

L'art. 666 dit que la procédure se bornera à un *simple acte d'avoué à avoué*. Fallait-il comprendre, dans ces mots, seulement un avenir donné pour l'audience, ou bien cet article autorisait-il la signification de conclusions? Cette question a été longtemps débattue par les auteurs : mais enfin la loi de 1858 est venue la trancher, en décidant que l'affaire sera jugée comme sommaire sans autre procédure que des conclusions motivées de la part des contestés. le dire du contestant devant être considéré comme étant de véritables conclusions de sa part.

Cette procédure. qui est suffisante pour l'ordre où tous les créanciers ont un avoué constitué dès l'origine. peut-elle être appliquée à la contribution. si l'on admet que les intéressés peuvent se passer de l'intermédiaire de l'avoué? Je crois que ce résultat est réalisable dans certains cas. En effet. toutes les fois que le renvoi à l'audience sera prononcé par le juge-commissaire pendant la réunion des créanciers. ceux-ci sont avertis par le magistrat de ce renvoi, et du jour auquel l'affaire sera appelée. Que leur faut-il davantage? Pourront-ils prétendre n'avoir pas connu l'indication du jour de l'audience ? Mais leur signature au bas du procès-verbal montrera justement le contraire. Ils n'ont donc pas besoin d'une assignation ou d'un avenir pour être instruits de la contestation, de ses motifs et du renvoi devant le tribunal : ils pourront dès-lors se mettre en mesure pour être représentés à l'audience, sans qu'on doive leur envoyer une notification à ce sujet. En conséquence, je proposerai de supprimer toute espèce d'acte destiné à les mettre en demeure de conclure et se défendre, car leur présence seule à la convocation doit être pour le tribunal une preuve suffisante qu'ils n'ont pas ignoré la contestation.

Mais si elle a été soulevée soit contre un créancier absent lors de la réunion devant le juge-commissaire, soit après la clôture du procès-verbal, par un créancier ou le saisi, pendant les dix jours qui leur sont accordés dans certains cas. il faudra de toute nécessité que le contestant prévienne le contesté de la prétention soulevée par lui. puisque ce dernier, étant absent, n'a pu en connaître les motifs, et y faire droit. En conséquence, dans ce cas, il faudra que le contestant assigne régulièrement le contesté et le saisi, de telle façon que le Tribunal puisse donner contre eux régulièrement défaut, en cas de non comparution; mais j'indiquerai plus loin, que toujours cette assignation devra rester à la charge de celui qui l'aura nécessitée.

Quant à l'avoué de la masse, il ne sera jamais utile de l'assigner : en effet, s'il n'est pas le poursuivant, présent à la convocation et averti par le juge-commissaire séance tenante, ou bien, s'il a été nommé par le magistrat après l'expiration du délai accordé pour les contredits, une lettre du greffe devra lui être transmise dans les quarante-huit heures pour le prévenir de sa nomination: cette lettre pourra être chargée, et le bulletin de l'administration constatant le dépôt et la remise au destinataire sera annexé sans frais au procès-verbal. L'avoué de la masse sera donc toujours officiellement averti ; lui envoyer une assignation serait bien superflu, puisqu'il a dû sans aucun doute prendre communication des contestations au sujet desquelles il a été commis.

Dans tous les cas ou l'assignation sera nécessaire, il faudra toujours que le contesté ait dix jours francs pour comparaître; ce délai accordé aux créanciers qui ont été renvoyés à l'audience par le juge-commissaire à la réunion même où ils étaient présents, ne peut être diminué, lorsqu'il s'agit des défaillants, ou lorsqu'il faut que les créanciers se défendent contre une contestation soulevée après coup.

Il faudra donc que l'avoué chargé de la procédure fasse parvenir assez à temps ces assignations pour que les dix jours soient toujours observés; la quinzaine qui lui est accordée jusqu'au jour de l'audience, lui laisse un délai suffisant pour signifier ces assignations.

Si le saisi n'avait pas élu de domicile au siége du tribunal, l'assignation devra lui être envoyée à son domicile réel, et s'il est nécessaire, des délais de distance seront accordés par le juge-commissaire. Ces délais seront calculés à raison d'un jour par dix myriamètres : les facilités de communications que l'on a aujourd'hui doivent permettre cette différence avec les délais de distance adoptés en 1806.

Quant aux créanciers contestés, comme ils ont toujours élu domicile dans leur production, la signification à leur égard ne pourra donner lieu à aucun délai de distance.

Les parties contestées et le saisi ne pourront répondre que par des conclusions en simple acte. Aucune autre signification ne sera admise, car la procédure doit être sommaire dans toute l'acception du mot, ainsi que la loi de 1858 en a déjà, en matière d'ordres, reconnu la nécessité.

Ajoutons cependant que le créancier qui voudrait se défendre personnellement au lieu de laisser ses intérêts entre les mains de l'avoué de la masse, pourra le faire, mais à ses propres frais.

—

§ 3. — *Jugement.*

Tout jugement relatif aux contestations sera rendu sur le rapport du juge-commissaire, et les conclusions du ministère public. Cette disposition de l'art. 668 a une trop grande utilité pour qu'il soit possible d'y rien changer.

Quand toutes les parties en cause sont représentées à l'audience, il est statué contradictoirement, et aucune observation n'est à faire sur ce sujet. Si un créancier ou le saisi ne se présente pas, le Tribunal donnera défaut contre lui ; mais ce jugement sera-t-il susceptible d'opposition ?

Cette question est implicitement tranchée par l'art. 669 qui ne parle que de l'appel comme moyen de recours, et n'accorde que dix jours pour l'interjeter ; d'où l'on peut conclure que l'opposition n'est pas possible. D'ailleurs, comme pour les ordres, la jurisprudence a décidé formellement que l'opposition ne serait pas recevable. Et en effet, dit l'arrêt de cassation du 19 novembre 1811, le jugement rendu sur une contestation d'ordre (et, par analogie, de contribution), est un véritable jugement d'instruction par écrit; indépendamment qu'il est rendu sur une contestation d'une partie ayant produit, il est certain que le créancier produisant ne peut être considéré comme non défendu, son absence n'est pas un défaut, puisque son dire, sa production, et même le rapport du juge plaident pour lui ; son absence est une faute qu'il doit s'imputer, et qui ne peut devenir pour lui un moyen de faveur.

Il faudra donc aussi ne pas permettre que les jugements par défaut soient susceptibles d'opposition.

Cette décision est acceptable, dira-t-on, dans la législation actuelle, et pour les ordres, parce que toutes les parties en cause ont nécessairement un avoué dès l'origine : mais si l'on supprime l'intermédiaire de l'avoué, si même on supprime l'assignation aux créanciers présents à la contestation et au renvoi à l'audience, comment peut-on admettre que les jugements par défaut ne soient pas susceptibles d'opposition? n'y aura-t-il pas là pour les créanciers un sujet de grave préjudice et d'erreurs fréquentes?

Il n'y aura pas pour les créanciers plus d'erreurs possibles que par le passé ; de deux choses l'une : ou ils ont assisté à la contestation et au renvoi à l'audience, et ont ainsi été avertis des motifs des contredits et du jour de l'audience ; ou bien ils n'y ont pas assisté, et alors ils ont été assignés ; mais dans tous les cas il est certain qu'ils ont connaissance de la contestation et du jour de l'audience, et ont eu le temps de se pourvoir ; pourquoi se plaindraient-ils donc plus que maintenant, où dans la procédure actuelle de contribution, comme dans celle de l'ordre et de saisie immobilière, les jugements par défaut sont rendus sur de simples assignations contre les parties qui n'ont pas d'avoué, et pourtant ne sont pas susceptibles d'opposition ?

D'ailleurs les créanciers produisants, qu'ils soient venus en personne ou bien aient été représentés par un avoué, n'ont-ils pas déposé de véritables conclusions dans leur demande en collocation, et ainsi que le dit l'arrêt précité, et quelle que soit la procédure suivie, leurs productions, leurs titres et le rapport du juge-commissaire ne plaident-ils pas pour eux ?

Je maintiens donc cette disposition : les jugements ne seront pas susceptibles d'opposition.

Frais des contestations. Il y a deux principes qui, je crois, doivent être adoptés pour régler cette matière: d'abord la partie qui succombe doit être condamnée aux dépens, c'est la disposition générale de l'art. 130 ; mais il y a aussi un principe d'équité, formulé par les art. 1382 et suivants du Code Napoléon, qui veut que l'on soit responsable du dommage que l'on a causé par son fait ; je vais faire immédiatement l'application de cette dernière disposition.

J'ai expliqué plus haut que si des créanciers avaient fait défaut à la convocation devant le juge-commissaire lorsque les contestatations ont été élevées, ou s'ils les avaient élevées eux-mêmes après la clôture du procès-verbal, et avaient ainsi rendu indispensable, pour la solution des difficultés, l'emploi d'une assignation aux parties intéressées, les frais de cette procédure superflue, devrait retomber sur celui qui l'aurait nécessitée. C'est cette idée qu'il convient de rappeler ici d'une façon générale, en ajoutant que les tribunaux devront, dans toutes les procédures, en statuant sur les dépens, mettre à la charge de celui qui y aura donné lieu toute la partie des frais dont il s'agit, en les séparant des frais de l'incident lui-même.

Ce même principe d'équité fera sans doute admettre aussi, comme la loi de 1858 l'a fait pour les ordres, que les frais de la contestation doivent être supportés par celui qui a été déclaré mal fondé dans ses prétentions, et jamais ne doivent être pris sur la somme à distribuer, car ils diminuent ainsi l'actif de la Contribution qui est le gage commun des créanciers, pour payer les frais d'une instance qui n'a intéressé qu'un très petit nombre d'entre eux, et restent dans tous les cas à la charge du saisi, qui est libéré d'autant moins, et pourtant n'a élevé aucune difficulté, souvent même ne s'est pas présenté.

Ainsi la condamnation aux dépens sera réglée, en matière de Contribution, comme en toute autre procédure : la partie qui succombera devra payer tous les dépens qu'elle aura occasionnés ; c'est dire que la partie dont la prétention est repoussée supportera non-seulement ses propres frais, mais ceux de son adversaire, du saisi s'il y a lieu, et de l'avoué représentant la masse des créanciers, le tout sans aucune répétition contre le saisi : il ne pourra pas par conséquent les ajouter à sa créance comme accessoires.

Si c'est le saisi qui a contesté il devra également, s'il perd, être condamné aux dépens, mais alors chaque partie ne pouvant être remboursée autrement, emploiera ses frais comme accessoires.

Que décider pour l'avoué chargé de représenter la masse des créanciers ? S'il est désigné par le juge-commissaire pour combattre la prétention d'un créancier renvoyé d'office à l'audience, il devra, au cas où celui-ci serait déclaré mal fondé, être payé par lui, c'est le principe général ; au cas contraire, comme le procès a eu lieu dans l'intérêt du saisi, les frais de l'avoué de la masse seront prélevés sur la somme à distribuer: c'est ce qu'admet d'ailleurs, pour l'ordre, l'art. 766.

Si enfin la contestation. soulevée par le saisi, avait été admise, l'avoué de la masse serait encore payé par privilége, car ce serait le seul moyen de remboursement qu'il puisse avoir.

Mais lorsque l'avoué de la masse est appelé à l'audience, sur une contestation soulevée par une partie, et que les créanciers qu'il représente s'en rapportent à justice, il ne peut sans doute être condamné aux dépens, s'il se borne à ce rôle passif: dans ce cas c'est une des parties en cause qui supportera ses frais. Si au contraire il prend une part active dans le débat, les créanciers qu'il représente peuvent être déclarés mal fondés, et condamnés aux dépens en tout ou en partie. Dès-lors l'avoué de la masse devra être payé par ses mandants eux-mêmes.

Le tribunal devra donc ordonner pour faciliter le paiement des frais de la contestation, qu'ils seront prélevés sur le dividende du perdant, s'il y a lieu, en en faisant distraction au profit de la partie qui a gagné.

Au cas où ce dividende serait nul ou insuffisant, celle-ci aurait son recours contre le condamné, mais ne pourra, je le répète, être colloquée pour les frais sur la somme à distribuer, car ce serait les faire retomber tout à la fois sur les autres créanciers et sur le saisi.

Si le dividende de la partie perdante est nul ou insuffisant, comment l'avoué de la masse sera-t-il payé? Chargé par le juge-commissaire, on ne peut sans doute le renvoyer à faire valoir ses droits contre un individu qui peut être insolvable; on ne peut davantage le payer sur la somme à distribuer, ainsi que je l'ai expliqué déjà; il me semble dès-lors que c'est à ceux qu'il a représentés, à la masse des créanciers, à le rembourser des frais faits dans leur intérêt. Il en sera de même lorsqu'il aura pris part en leur nom à une contestation et aura été déclaré mal fondé. Je proposerai donc, en cas d'insuffisance du dividende de la partie perdante, comme aussi en cas de condamnation de la masse aux dépens, de les faire supporter aux créanciers que l'avoué a représentés dans la proportion de leurs collocations, sauf recours de ceux-ci dans le premier cas contre la partie perdante. Les autres frais mis à la charge de la masse, si elle est condamnée aux dépens, seront prélevés sur les dividendes des créanciers de la même manière.

Le juge-commissaire devra opérer ces prélèvements d'après les dispositions du jugement qui contiendra liquidation de tous ces frais, ainsi qu'il est ordonné en toute matière sommaire.

L'avantage de ce système est certain, il me semble. Les créanciers craindront un peu plus d'élever des contestations lorsqu'ils sauront que leurs frais ne seront plus payés par la somme à distribuer, mais resteront dans tous les cas à leur charge : le résultat sera, je crois, de diminuer considérablement les incidents.

Dommages-intérêts. Tout contestant qui aura soulevé des prétentions que le tribunal jugera de mauvaise foi, dans le but de retarder la distribution, comme aussi toute partie qui aura, par négligence ou connivence, retardé le jugement, qui aura produit tardivement ses titres, pourra, même gagnant son procès, être condamné à des dommages-intérêts envers le saisi et la masse des créanciers : toute partie en cause, surtout l'avoué de la masse, pourra les réclamer, et ils seront prélevés sur le dividende du condamné en exécution du jugement. Ils pourront consister dans le paiement de tous les frais, ainsi que l'a admis l'art. 766.

Signification du jugement. Le jugement sera signifié dans les trente jours, à avoué seulement; à défaut d'avoué, au domicile élu par les créanciers, et pour le saisi à domicile réel, à défaut d'élection de domicile; le tout à peine de nullité. Cette disposition, admise déjà par le Code, permet d'éviter les frais et donne plus de rapidité à la procédure. La partie qui lèvera le jugement aura le temps nécessaire pour cette signification, le délai de trente jours a été reconnu suffisant par la loi de 1858 ; il y a donc lieu de le conserver.

Dans les trois jours de cette signification, l'avoué poursuivant devra en faire mention par un dire sur le procès-verbal, afin de mettre le juge-commissaire à même de se rendre compte du moment où expireront les délais d'appel.

Chaque avoué ne recevra qu'une copie du jugement, quel

que soit le nombre de ses clients: cette signification sera suffisante sans doute, et dans tous les cas plus économique.

La signification du jugement fera courir les délais d'appel contre toutes les parties à l'égard les unes des autres.

—

§ 4. — *Appel.*

L'art. 669 fixe à dix jours le délai de l'appel: cette réduction des délais ordinaires est nécessaire en cette procédure, comme pour l'ordre, il a d'ailleurs été jugé suffisant depuis la rédaction du Code; il n'y a donc rien à modifier sur ce point.

Doit-on y ajouter des délais de distance? Cette question, ainsi que je l'ai indiqué, décidée en sens contraire par la jurisprudence et les auteurs, a été tranchée par la loi de 1858, qui accorde à l'appelant, en outre des dix jours, un délai d'un jour par cinq myriamètres calculés entre son domicile réel et le siége du tribunal. Cette augmentation si juste devra être appliquée dans la procédure de Contribution: mais je crois pouvoir dire qu'elle est peut-être trop considérable. Que l'on calcule en effet le temps nécessaire pour que l'avoué fasse parvenir à son client le résultat du jugement, et la date de sa signification (et il y a déjà près d'un mois que le jugement est rendu), c'est à peine s'il faudra trois jours pour que sa lettre arrive à destination, même à l'extrémité du territoire; et cependant pour cent myriamètres par exemple, le délai est augmenté de vingt jours. Trois jours pour l'envoi, trois jours pour la réponse, restent quatorze jours que le créancier demeurant au loin aura eus de plus que celui qui réside près du tribunal. Je pense qu'on pourrait diminuer ce délai, et le fixer par exemple à un jour par dix myriamètres.

Tout acte d'appel sera visé au greffe avant son enregistrement à peine d'amende: il en sera fait aussitôt mention par le greffier sur le procès-verbal, afin que le juge-commissaire puisse en avoir connaissance à temps.

L'appel sera signifié à peine de nullité au domicile de l'avoué : c'est ainsi que l'a décidé la Cour de Cassation, dont j'ai relevé les arrêts. Ce système est également admis par la majorité des auteurs, et je pense qu'il serait utile de mentionner cette nullité dans la loi, pour que l'équivoque ne soit plus possible. Il est bien entendu d'ailleurs que s'il y a lieu d'intimer un créancier n'ayant pas d'avoué, il faudra signifier l'acte d'appel au domicile élu par celui-ci : le saisi seulement sera assigné à son domicile réel, s'il n'a pas de domicile élu au siége du Tribunal. L'inobservation de cette disposition pourrait aussi être frappée de nullité.

A quel chiffre fixera-t-on la recevabilité de l'appel? J'ai montré ci-dessus à quelles discussions cette question avait donné lieu, mais comme aujourd'hui elle est définitivement tranchée par la loi de 1858, je proposerai d'adapter cette solution à la matière qui nous occupe, et en conséquence de dire que l'appel ne sera recevable qu'autant que le chiffre de la contestation excèdera 1,500 fr. quelles que soient d'ailleurs les créances des contestants et la somme à distribuer.

Ne pourront être intimées sur l'appel, que les parties indiquées en l'art. 667, dit le Code de procédure. J'adopterais également cette disposition : nul autre que le contestant, le contesté, le saisi et l'avoué de la masse, ne pourra être admis en appel.

Comme aujourd'hui l'acte d'appel devra indiquer les griefs articulés, et contenir assignation devant la cour, le tout à peine de nullité. Toutes les observations faites à propos des frais et des dommages-intérêts pour le jugement de première instance sont applicables en cas d'appel.

Ainsi qu'en première instance, la procédure sera sommaire, et communicable au ministère public.

L'arrêt contiendra liquidation des dépens, il sera signifié à avoué seulement, dans les quinze jours de sa date : ce délai a été jugé suffisant pour la procédure d'ordre. Dans les trois jours de cette signification, l'avoué poursuivant en fera mention par un dire sur le procès-verbal, afin d'avertir le juge-commissaire que le réglement de la contribution peut être dressé. L'avoué poursuivant, averti depuis quinze jours que l'arrêt est rendu et qu'il doit être signifié dans un délai fixe, aura le temps, avant l'expiration de ce délai, de se renseigner sur la date de la signification; les trois jours sont donc suffisants.

La signification de l'arrêt fera courir les délais du pourvoi en cassation contre toutes les parties.

—

CHAPITRE VI

DU RÉGLEMENT ET DE SON EXÉCUTION

J'ai examiné les formalités de la procédure jusqu'au moment où, tous les créanciers s'étant mis d'accord, le juge-commissaire a clos son procès-verbal, j'ai cherché ensuite la marche à suivre en cas de contestations : je dois arriver maintenant au travail que le juge-commissaire est chargé de faire pour terminer la contribution.

Ce magistrat, après la clôture de son procès-verbal, en cas d'accord entre toutes les parties, procède immédiatement au réglement de la contribution. Il y a eu en effet un contrat, intervenu entre les créanciers et le saisi, sur lequel aucun d'eux ne peut revenir ; aucun délai n'est donc à observer.

Si le procès-verbal est susceptible d'être contesté, le juge-commissaire devra attendre l'expiration des dix jours accordés à cet effet, pour procéder au réglement.

Si enfin des contestations ont été soulevées, il ne pourra le faire qu'après l'expiration des dix jours qui suivront la signification du jugement, et en cas d'appel, comme aucun recours n'est plus possible, immédiatement après la signification de l'arrêt.

En cas de désistement d'un contredit, accepté par les parties en cause, le réglement devra être fait aussitôt après cette acceptation.

Mais un délai peut-il être imparti au magistrat pour terminer ce travail ? Bien que, pour les ordres, ce principe soit admis, je ne crois pas qu'en matière de contribution, il soit possible de l'appliquer, car la position du juge-commissaire n'est pas identique dans les deux cas.

Dans l'ordre, le travail du juge-commissaire est beaucoup moins long, le nombre des créanciers est généralement restreint : le rang de leur admission définitivement arrêté, il n'y a plus, pour le juge-commissaire qu'à calculer les intérêts des sommes colloquées, et quelques frais seulement à taxer.

Dans la contribution, au contraire, non-seulement les créanciers colloqués sont souvent très nombreux, mais encore le juge doit calculer les intérêts de chaque créance, ceux de la somme à distribuer, et le dividende qui revient à chaque créancier, et enfin taxer un nombre quelquefois très considérable d'états de frais volumineux. Son travail, qui d'ailleurs doit être d'accord avec celui de la Caisse des Consignations pour les intérêts de la somme déposée, est ainsi beaucoup plus long que celui du réglement de l'ordre.

Il est donc bien difficile de fixer au juge un délai pour la clôture du réglement. Car, si l'on voulait en déterminer quelqu'un, il faudrait nécessairement le faire assez étendu, pour que le magistrat, chargé d'une contribution longue et difficile, pût la terminer sans être accusé de négligence et de lenteurs : et alors le temps qui lui sera nécessaire sera bien souvent dix fois plus long que pour des distributions très simples.

Je crois donc qu'il faut laisser au magistrat toute latitude pour ce travail, et ne pas réglementer ses démarches ; il n'abusera pas de cette liberté d'action : d'ailleurs, quelle sanction aurait contre lui une disposition de cette nature ? Évidemment aucune. Le retard pourrait tout aussi bien provenir du greffe que du juge-commissaire. Il faut donc, à mon avis, ne rien innover sur ce point, puisque l'état de choses actuel ne donne lieu à aucune réclamation.

Le réglement est destiné à mettre à exécution soit les conventions intervenues d'accord entre les créanciers et le saisi, soit les décisions du tribunal rendues sur les contestations qui se seraient élevées. Le juge-commissaire devra donc colloquer chaque créancier au rang et pour les sommes que le procès-verbal a admis sans qu'il y ait eu de contestation, ou que le tribunal a fixés dans son jugement. Le réglement n'est donc en réalité que la reproduction du procès-verbal ou de la décision judiciaire intervenue. C'est en réalité le réglement définitif actuel.

Les frais d'incident sur les contestations ayant été liquidés par les jugement et arrêt, le juge-commissaire n'aura pas à les taxer pour le réglement : il en trouvera le chiffre dans la décision intervenue. D'ailleurs, souvent ces frais ne seront pas pris sur la somme à distribuer, mais sur la collocation de la partie perdante.

Le juge, après avoir établi les dividendes, fait main-levée de toutes les oppositions grevant la somme à distribuer. Il ordonne la délivrance par le greffier de l'extrait du réglement pour la Caisse des Consignations, ou, s'il y a lieu, de bordereaux de collocation sur l'adjudicataire. Enfin, avant de clore son procès-verbal, il en ordonne la dénonciation dans les formes dont il sera ci-après parlé.

Dénonciation du Réglement. Le Code de procédure n'a pas prévu que le réglement définitif pût être l'objet d'une contestation. Cependant le cas s'est présenté souvent où un recours était nécessaire contre la décision du juge-commissaire. Il peut arriver, en effet, que celui-ci commette des erreurs, fasse une fausse application de la loi, ou des principes admis dans le réglement provisoire, qu'il comprenne mal les décisions judiciaires intervenues sur les contestations.

Il est reconnu aujourd'hui qu'un recours doit être possible contre le réglement définitif, mais sans toutefois que l'on puisse remettre en question les bases mêmes de ce réglement, pour lesquelles il y a chose jugée. J'ai exposé plus haut combien la jurisprudence était divisée sur ce point, et comment la loi de 1858 a tranché la difficulté, en admettant, dans ce cas, une procédure spéciale d'une simplicité remarquable.

Pour mettre les créanciers en demeure de faire valoir leurs droits et d'exprimer leurs contestations, s'il y a lieu, la loi de 1858 ordonne la dénonciation du réglement définitif de l'ordre par acte d'avoué à avoué. Je ne crois pas que dans la procédure de contribution, telle que je la comprends, une pareille dénonciation soit possible ; en effet, les créanciers n'ayant pas la plupart du temps un avoué, il faudrait faire cette signification par acte d'huissier, et comme je me suis élevé contre l'emploi de ministère de l'huissier pour les sommations, il serait peu logique de l'admettre ici pour une formalité bien moins importante. Je ne voudrais donc pas qu'une dénonciation extrajudiciaire fût envoyée aux créanciers, car elle serait trop coûteuse.

Il faudra cependant les avertir de la confection du réglement afin qu'ils puissent faire leurs observations, surtout lorsqu'il aura été fait après des contestations dont ils ignoreront souvent la solution, n'ayant pas été parties dans l'instance. Je proposerai donc de leur envoyer, comme on l'a déjà fait dans le commencement de la procédure, une lettre chargée, indiquant la date du réglement, la nature de la collocation et le dividende attribué à chacun. Le créancier aura ainsi connaissance complète de ce qui l'intéresse, il verra s'il est colloqué, ainsi qu'il avait été entendu devant le juge-commissaire, ou décidé par le tribunal. Il sera averti du délai qui lui est imparti pour contredire.

Ces lettres seront envoyées par le greffier dans les trois jours de la signature du réglement, et adressées au domicile élu par les créanciers dans leurs productions. Il faudra également adresser à l'adjudicataire, s'il y a lieu, une lettre indiquant le chiffre de chaque dividende.

Quant au saisi, je crois qu'une simple lettre suffira aussi, car on lui a déjà notifié la dépossession définitive de la somme à distribuer et l'ouverture de la contribution : il ne s'agit plus que de lui indiquer dans quelles proportions ses diverses dettes sont éteintes. Je crois qu'on ne devra donc pas, vis-à-vis de lui, employer la sommation, mais seulement lui envoyer, comme aux autres intéressés, une lettre qui contiendra le dividende attribué à chaque production.

Les créanciers et le saisi n'auront que huit jours pour contester le réglement, c'est le temps accordé par la loi de 1858. Aucun délai de distance ne sera donné aux créanciers, car ils sont prévenus à domicile élu dans leur production, et d'ailleurs la procédure exige une grande célérité. Quant au saisi, je ne crois pas possible de ne pas lui en accorder, s'il n'a pas de domicile élu. On pourrait lui donner un jour par dix myriamètres calculés entre son domicile réel et le siége du tribunal.

Le bulletin d'envoi et de réception des lettres transmises par le greffier, sera annexé sans frais au procès-verbal, avant l'expiration des délais d'opposition.

La procédure d'opposition au réglement sera presque entièrement conforme à celle adoptée par la loi de 1858, sauf quelques modifications nécessitées par l'absence des avoués dans la procédure. Elle sera formée, à peine de nullité, dans la huitaine de l'envoi des lettres, par un dire sur le procès-verbal. Ce dire sera signé par un avoué constitué à cet effet, s'il ne l'a déjà été.

Il ne sera pas nécessaire de mettre en cause tous les créanciers pour une rectification souvent peu importante; comme il a été réglé ci-dessus, l'opposant qui réclamera pour son propre compte une modification matérielle, ne devra mettre en cause que l'avoué de la masse et le saisi: s'il réclame contre la collocation d'un autre créancier, il devra mettre celui-ci en cause également. mais ce sont là les seules parties appelées dans cette procédure.

L'opposition sera portée, dans la huitaine suivante, à l'audience par simple acte signifié aux avoués des parties, s'il y en a de constitués, ou par assignation aux domiciles élus par les créanciers n'ayant pas d'avoué, et enfin au saisi, à son domicile élu, ou, s'il n'en a, à son domicile réel. Aucun délai de distance ne sera accordé. La cause sera appelée à la huitaine suivante à peine de nullité, et instruite sommairement : il en est référé d'ailleurs aux observations ci-dessus pour toutes les formalités de la procédure.

Enregistrement du Réglement. J'ai essayé, en commençant, de démontrer combien il était fâcheux de voir le réglement de la contribution, pour divers motifs, rester un temps quelquefois assez long avant d'être enregistré. Ne serait-il pas possible d'ordonner que l'enregistrement sera fait dans un délai déterminé, dix jours, par exemple (comme pour les actes de notaires) : ce délai courrait de l'expiration du délai d'opposition, ou du jour à partir duquel aucun recours ne serait plus possible contre la décision intervenue. L'avoué poursuivant serait chargé de faire remplir cette formalité, dont l'inobservation, dans les délais, le soumettrait à la peine du double droit.

Mais, pour répondre à une objection possible, et pour éviter que l'avoué soit obligé d'avancer personnellement les fonds nécessaires à l'enregistrement, je proposerai une innovation que je crois très utile et très praticable. Ce serait de permettre que l'enregistrement eût lieu en débet, lorsque la contribution est ouverte sur des sommes déposées à la Caisse : le montant en serait recouvré par l'administration en même temps que les amendes prononcées, au moyen d'un mandat tiré par elle sur la Caisse des Consignations. Celle-ci ne pourrait rembourser aucune collocation avant d'avoir reçu le mandat dont il s'agit. Les sommes ainsi retenues par la Caisse pour la compte de l'administration seraient à sa disposition. Cette opération serait très praticable. Aucune difficulté ne peut, il me semble, être sérieusement élevée contre cette manière d'opérer.

Toutefois, elle ne peut évidemment être appliquée que dans le cas où la somme à distribuer serait déposée à la Caisse : si cette somme était un prix d'immeuble resté entre les mains de l'adjudicataire, le réglement devrait être également enregistré dans le délai de dix jours, par les soins de l'avoué poursuivant, à peine de double droit. Ce cas du reste sera assez rare.

Affirmation. J'ai indiqué, en commençant, combien cette formalité me semblait inutile à la place que la loi actuelle lui détermine aujourd'hui. J'ai donc cru devoir proposer une modification sur ce point. J'aurais désiré qu'elle pût être faite entre les mains du juge-commissaire. Mais une considération m'a arrêté : c'est que dans le cas où un créancier produisant ne se présenterait pas, il ne serait pas possible de ne pas admettre sa créance, lorsqu'elle ne serait pas contestée, et cependant on ne pourrait avoir son affirmation.

Pour obvier à cet inconvénient, j'ai proposé d'exiger cette formalité sur la production elle-même, et ainsi on pourrait se dispenser de la faire renouveler entre les mains du juge-commissaire.

Peut-être pourrait-on la faire recevoir par le greffier au moment du dépôt de la production, ce qui ferait moins de frais ; dans tous les cas, l'état actuel serait modifié.

Cessation des intérêts. J'ai essayé déjà d'expliquer pour quelles raisons l'art. 672 me paraissait pouvoir être l'objet de quelques critiques, à cause de triple point d'arrêt qu'il fixe aux intérêts des sommes admises à la distribution. J'ai dit que je pensais qu'on pouvait ramener les trois cas prévus par cet article dans une même disposition. Je proposerai donc de supprimer la distinction dont il s'occupe, et, généralisant la première, de dire que les intérêts des sommes admises à la distribution cesseront à partir du jour de la clôture du réglement.

Extrait et Bordereaux de collocation. J'ai également indiqué comment les bordereaux de collocation me paraissaient être inutiles, et faire double emploi avec l'extrait remis à la Caisse, en exécution de l'art. 17 de l'ordonnance du 3 juillet 1816.

Je proposerai donc de supprimer ces bordereaux lorsqu'ils seront destinés à la Caisse des Consignations. La remise de l'extrait équivaudra pour elle à une demande de remboursement faite au nom de tous les créanciers. Seulement l'absence des avoués nécessitera que les lettres d'ordonnancement soient envoyées au domicile des créanciers. Mais ceci est un détail d'exécution qui ne peut intéresser le législateur.

Si la contribution était ouverte sur le prix d'un immeuble resté entre les mains d'un adjudicataire, les bordereaux seraient nécessaires : mais alors aucun extrait ne sera délivré. La lettre du greffier avertira assez le tiers-saisi de la distribution du prix.

Dans tous les cas, l'extrait ou les bordereaux seront délivrés par le greffier dans la huitaine du jour où le réglement ne pourra plus être attaqué. C'est le délai accordé aujourd'hui par l'art. 671.

Certificats de non opposition ni appel. La remise par le greffier de l'extrait à l'avoué poursuivant est un signe certain que le réglement ne peut plus être attaqué : dès lors le certificat de non opposition ni appel est inutile et fait double emploi. Je proposerai donc de le supprimer complétement.

—

CHAPITRE VII

DU PRIVILÉGE DU PROPRIÉTAIRE ET DES FRAIS DE POURSUITE

Lorsque le propriétaire veut aujourd'hui se faire payer de ses loyers, il peut, aux termes de l'art. 661, introduire un référé devant le juge-commissaire : mais il doit aussi, ai-je fait remarquer, attendre l'expiration du mois accordé pour produire. Il en résulte que tous les frais de l'ouverture de la contribution, toutes les sommations, souvent si onéreuses, deviennent inutiles, lorsque le propriétaire, à l'expiration du mois, vient prélever, à l'aide de son référé, non-seulement le montant de sa créance, mais encore les frais de ce référé, et enlève ainsi toute la somme à distribuer, ou une grande partie du moins. Il faut encore ajouter que les créanciers qui ont produit ont eux-mêmes perdu, par suite de ce référé, tous les frais qu'ils ont faits pour se faire colloquer.

Que cette procédure soit très avantageuse au propriétaire, et qu'il faille encourager la propriété immobilière, nul doute à cet égard : mais faut-il que le privilége, à qui l'on donne aujourd'hui des proportions si colossales, devienne encore pour les autres créanciers un danger, et que non-seulement on les empêche ainsi d'être payés, mais qu'on les entraîne encore à des dépenses que ce privilége rend vaines, cela, je l'avoue, me semble un résultat déplorable ?

Je voudrais donc que le référé du propriétaire fût supprimé, et il n'y aura cependant pour lui aucun préjudice, s'il est soumis ainsi à la loi commune : car la procédure que je propose comportera pour lui tous les avantages qu'il trouvait dans son référé, sans en avoir les inconvénients pour les autres intéressés.

Au lieu d'attendre un mois, le propriétaire n'aura plus que vingt jours avant d'être convoqué devant le juge-commissaire : au lieu d'avoir à faire des frais, il n'y aura pour lui aucune démarche nécessaire : en supposant qu'il y ait quelque difficulté soulevée, il est payé en vertu d'un réglement partiel. Y a-t-il contre lui-même quelque contestation, il sera immédiatement renvoyé à l'audience sans avoir eu besoin de faire des frais qui resteraient aujourd'hui à sa charge. Enfin, par impossible, dût-il attendre à la deuxième réunion pour être colloqué soit par le réglement, soit par une ordonnance partielle, il ne perdra même pas de temps dans ce cas : en effet, il lui faudrait bien actuellement au moins cinq jours, à l'expiration du mois, pour faire statuer par référé sur son privilége, et le projet lui accorde au maximum ce délai de trente-cinq jours. La position ne peut donc être aggravée par le projet ; mais, au contraire, il y trouvera un avantage considérable.

Pour les autres créanciers, le bénéfice est encore plus certain. En effet, plus de productions coûteuses rendues inutiles, au cas où le privilége du propriétaire se révèle et vient absorber la somme à distribuer : plus de frais de référé à payer en outre des loyers, plus de frais de poursuite rendus inutiles.

Et enfin le saisi n'aura-t-il pas, dans cette mesure, un avantage tout aussi certain ?

Mais ce n'est pas tout de supprimer ce droit du propriétaire, je voudrais encore régler définitivement sa position vis-à-vis des autres créanciers, et faire tomber la disposition finale de l'art 662.

J'ai développé plus haut combien cet article avait apporté d'incertitude dans la question si délicate du classement des priviléges entre eux : j'ai ajouté que cependant, malgré les termes dont il est conçu, la jurisprudence et la doctrine admettent aujourd'hui que les priviléges généraux doivent primer les priviléges spéciaux : dès lors, en présence de cette interprétation donnée aux articles 2101, 2102 et 2105 du Code Napoléon, il semble étonnant qu'on laisse subsister un texte de loi qui est en complet désaccord avec le sens de ces articles. Il y aurait donc lieu, je crois, de réformer cette dernière disposition de l'art. 662, qui fait passer le privilége du propriétaire avant tous les autres sans distinction. Cette révision pourrait consister, je me permets de le dire, dans la suppression complète de l'art 662 : désormais les frais de poursuite seraient considérés comme frais de justice, et colloqués en premier rang sans disposition expresse, et le privilége du propriétaire viendrait à son rang comme privilége spécial.

Pourquoi donc en effet le propriétaire aurait-il plus de droits que tout autre créancier gagiste : l'art 2102 a réuni sous les mêmes dispositions une certaine catégorie de créances : pourquoi les séparer ?

Si le vœu que j'exprime était accueilli, la jurisprudence serait définitivement fixée, car la suppression de l'argument qui permet de donner le premier rang au propriétaire, entraînerait la suppression de la théorie tout entière, et dès lors, la question ne serait plus douteuse.

Mais j'irai plus loin, dussé-je être accusé de prétentions exagérées, en portant la discussion sur ce terrain. Il me semble qu'il serait à désirer que le Code Napoléon lui-même, à qui l'on ne doit toucher qu'en tremblant, pût être l'objet d'une révision sur ce point, et qu'il fût inséré une disposition tendant à faire comprendre que la série des créances énumérées en l'art. 2101 doit primer celles des articles suivants. Ce serait trancher définitivement une question que la jurisprudence discute depuis cinquante ans, sur laquelle elle paraît être aujourd'hui fixée, et dans laquelle d'ailleurs la Belgique a déjà adopté la solution indiquée. Mais il ne m'appartient pas de discuter plus longtemps un point aussi important, auquel des mains plus autorisées ont déjà touché bien des fois.

Frais de poursuite. J'arrive aux frais de poursuite. On a vu plus haut que souvent on fait entrer dans les frais de poursuite non-seulement les frais *ordinaires* de la contribution, mais encore la procédure *extraordinaire*; qu'on y ajoute encore les frais faits par l'avoué le plus ancien sur les contestations, et que même on va jusqu'à comprendre aussi les frais de l'avoué poursuivant, appelé en cette qualité à l'audience, sous prétexte d'activer la procédure. C'est cette tendance que je voudrais arrêter en limitant les frais de poursuite à ceux ordinaires, qui sont faits seulement dans l'intérêt général, et uniquement pour provoquer et faire exécuter le réglement.

Tous autres frais tels que ceux de compte, d'inventaire et autres ne seront considérés que comme frais de justice, et colloqués à leur rang, mais ne seront pas compris dans les frais de poursuite.

Les frais de l'avoué de la masse, lorsque ceux-ci doivent être prélevés sur la somme à distribuer, ne peuvent même pas, dans tous les cas, être considérés comme frais de poursuite, s'ils n'ont pas été faits sur un renvoi prononcé d'office à l'audience. Ils ne seront considérés que comme frais de justice et viendront immédiatement après les frais ordinaires de poursuite.

Nouvelles sommes à distribuer. Dans le cas où de nouvelles sommes arrêtées sur le même débiteur devraient faire l'objet d'une autre distribution, s'il n'y a pas des créanciers différents et que la réunion de ceux-ci devant le juge-commissaire n'ait pas encore eu lieu, ce magistrat pourra, sur un dire du poursuivant, par une ordonnance mise sur le procès-verbal, joindre cette somme nouvelle à celle qui était déjà en distribution, et procéder sur le tout.

Si la réunion avait eu lieu, ou s'il y avait des créanciers différents, il ne serait plus possible de faire cette jonction, les deux procédures se suivraient séparément : comme les frais de poursuite seront peu considérables, il n'y aura pas là une cause de préjudice. D'ailleurs, c'était aux intéressés à se pourvoir à temps pour que les sommes arrêtées sur le débiteur fussent distribuées en même temps.

Subrogation dans la poursuite. Dans le cas où, par impossible, l'avoué poursuivant aurait par son fait apporté du retard dans la procédure, le juge-commissaire pourra, soit d'office, soit sur la réquisition d'une partie, désigner un autre avoué qui serait chargé de la poursuite, et à qui les pièces seraient immédiatement remises, et ce, sans préjudice des dommages-intérêts dont l'avoué négligent pourrait être responsable vis-à-vis des créanciers et du saisi.

—

CHAPITRE VIII

CONCLUSION

J'ai terminé l'examen des diverses dispositions que comporte la procédure que je propose ; je crois avoir atteint un résultat utile en diminuant les frais et les délais de la contribution actuelle, en essayant de déterminer plus exactement certains points de doctrine controversés, et enfin, en apportant sur quelques questions des modifications que j'ai crues nécessaires.

Ce projet, je le répète, ne peut être considéré comme un travail entièrement nouveau, car j'ai puisé tout à la fois dans le Code de procédure, dans la loi de 1858, et dans le Code de commerce ; mais j'ai réuni en un tout aussi homogène que possible, les dispositions qui me paraissaient de nature à constituer une amélioration sur le régime actuel, et je crois avoir réussi à établir un système complétement praticable. S'il n'est pas parfait, et je n'en puis avoir la prétention, du moins il aura peut-être servi à indiquer la voie d'une solution meilleure, et, à ce titre, je m'estimerais encore heureux de l'avoir proposé. Je le considère cependant déjà comme donnant satisfaction aux besoins actuels, et comme une méthode plus économique et plus expéditive. « Ce que la loi veut, disait » M. Delangle, dans son rapport au Sénat, sur la loi de 1858, » c'est éviter les frais qui diminuent le gage commun, supprimer » les lenteurs calculées ou involontaires, et faire en sorte que cha- » que créancier reçoive, dans le plus bref délai possible, ce qui lui » appartient. »

C'est là le but que je me suis proposé, et je crois l'avoir atteint. Car, au lieu d'attendre six mois au moins la fin de la distribution, c'est à peine s'il faudra aux créanciers deux mois et demi pour toucher leur dividende : au lieu d'avoir à supporter 250 ou 300 fr. de frais de poursuite, c'est à peine s'ils paieront 70 ou 80 fr. : mais encore il n'y aura plus de frais de production, plus de bordereaux; toutes ces dépenses ne viendront plus diminuer les dividendes, et empêcher la libération du saisi. Tous, créanciers et débiteur, trouveront donc un avantage sérieux dans cette procédure.

Les officiers ministériels pourront peut-être se plaindre, je le reconnais : ils verront sans doute dans ce projet une diminution nouvelle de leurs émoluments : mais, en réalité, dût-on froisser quelques positions, il faut céder à l'impulsion de l'opinion publique, et l'on ne peut vraiment s'arrêter devant leur intérêt qui est toujours contraire à celui des justiciables. D'ailleurs, est-ce la première atteinte portée à leurs prérogatives? N'ont-ils pas vu tous tomber un à un des usages, des procédures, qui étaient cependant pour eux une source de profits? La loi de 1841 sur les ventes judiciaires, celle de 1858 sur les ordres, n'ont-elles pas déjà commencé cette œuvre de réforme et de simplification : ils doivent bien s'attendre à la voir continuer sur toutes les parties de la loi où des inconvénients sont signalés. Cette objection de leur part ne m'arrêterait donc pas, et je crois pouvoir dire avec M. Favard, dans son rapport au Corps-Législatif sur le Titre XI actuel, « que » cette procédure nouvelle pourra bien exciter quelques plaintes :

» mais elles ne seront formées ni par les créanciers, ni par les » débiteurs, mais par ceux qui regretteront les abus qui faisaient » la ruine des uns et des autres. »

Le Trésor trouvera, je le sais, moins de ressources dans la procédure proposée: les actes supprimés, et notamment les sommations, les bordereaux, étaient pour lui d'un rapport assez élevé : mais, en définitive, ce motif, dont il ne faut pas s'exagérer l'importance, n'est pas de nature à faire repousser le projet; car, en calculant le produit que le Trésor retire d'une contribution, et en l'évaluant en moyenne à la somme, qui n'est pas trop faible, de 300 fr., ce chiffre ne donnera jamais, pour les 1160 procédures de contributions qui sont suivies par an, qu'un total de 348.000 fr., qui n'est en réalité pour le Trésor qu'une somme bien peu importante. Et d'ailleurs, s'il était nécessaire qu'il sortît indemne de ce changement, il serait très facile de calculer de nouveaux droits dont la quotité vînt parfaire la différence de produit signalée. D'ailleurs, il faut remarquer que plus on facilitera les transactions, et l'adoption d'une procédure rapide et peu coûteuse est un des moyens d'y parvenir, plus facilement le Trésor retrouvera d'une main ce qu'il aura perdu de l'autre.

Je termine donc ces observations, qui ont peut-être paru un peu trop longues, en résumant toutes les dispositions que j'ai proposées, afin de les substituer au texte actuel de la loi. Ce n'est en réalité qu'un canevas destiné à recevoir toutes les modifications qui pourront être jugées nécessaires, car je n'ai pas eu la prétention de rédiger un texte définitif : j'ai essayé de faire rentrer les formalités de cette procédure nouvelle dans le cadre même de la loi actuelle, afin qu'autant que possible les dispositions conservées se retrouvent sous les mêmes articles que ceux qu'ils occupent aujourd'hui.

TITRE XI

DE LA DISTRIBUTION PAR CONTRIBUTION

656. Si les deniers arrêtés, ou le prix de vente, ne suffisent pas pour payer les créanciers, faute par ceux-ci de s'être mis d'accord avec le saisi pour un réglement amiable, le tiers-saisi ou l'officier public qui aura fait la vente seront tenus de consigner, dans les vingt jours, à la charge de toutes les oppositions, déduction toutefois faite de leurs frais, d'après la taxe du juge dont il sera fait mention dans le procès-verbal de dépôt.

657. La contribution est poursuivie par la partie la plus diligente. Aucune saisie-arrêt ne sera reçue à la Caisse des Consignations, postérieurement à la délivrance des états d'oppositions et certificats de sommes nécessaires pour l'ouverture de la contribution, si elle n'a été visée par le greffier du tribunal.

658. Dans les tribunaux où les besoins du service l'exigent, il sera désigné, par décret impérial, un ou plusieurs juges chargés spécialement du réglement des contributions; ils peuvent être choisis parmi les juges suppléants, et sont désignés pour un an au moins et trois ans au plus.

En cas d'absence ou d'empêchement, le Président du Tribunal, par ordonnance inscrite sur un registre spécial tenu au greffe, désigne d'autres juges pour les remplacer.

659. Le juge spécial, dans les trois jours, ou le juge commis, dans les huit jours de la réquisition, prononce l'ouverture de la contribution, et, dans le même délai, avertit les créanciers par lettre chargée, adressée tout à la fois aux domiciles par eux élus dans leurs oppositions, et à leurs domiciles réels, d'avoir, dans un délai de vingt jours, à déposer au greffe du Tribunal leurs titres, avec demande en collocation, comme aussi de comparaitre devant lui à un jour fixé, pour se mettre d'accord sur la distribution des deniers arrêtés.

Cette convocation aura lieu dans les trois jours qui suivront l'expiration du délai pour produire. L'adjudicataire tiers-saisi, s'il y a lieu, y sera également convoqué.

Les frais d'envoi de ces lettres seront avancés par le poursuivant. Le bulletin de l'administration indiquant l'envoi et la réception de ces lettres sera annexé sans frais au procès-verbal.

La partie saisie sera sommée par huissier commis, d'avoir à

prendre communication des pièces produites, et de se présenter devant le juge-commissaire. Son absence constatée ne donnera lieu par la suite à aucune autre signification.

Un extrait sommaire indiquant la date de la réunion sera inséré dans le journal judiciaire de l'arrondissement.

Si le saisi est commerçant, pareille lettre sera transmise au greffier du Tribunal de commerce, s'il y en a un dans l'arrondissement.

La faillite prononcée contre le saisi dessaisira de plein droit le juge-commissaire, si elle intervient avant la clôture du procès-verbal.

660. Toute production déposée au greffe devra contenir la nature de la collocation demandée, et l'état détaillé de tous les frais accessoires y sera joint, pour être taxés, s'ils ne le sont déjà, avec toutes les pièces à l'appui.

Elle contiendra en outre une élection de domicile dans la ville où siége le Tribunal, et l'affirmation par le créancier de la sincérité de sa créance, avec mention expresse des à-comptes reçus. Elle sera signée par le créancier lui-même ou l'avoué son mandataire.

Aucune production ne sera reçue au greffe si les formalités ci-dessus n'ont pas été remplies.

661. Les créanciers sont tenus de se présenter devant le juge-commissaire, au jour fixé, en personne ou par le ministère d'un avoué, leur mandataire. A cette convocation, le juge-commissaire requiert le saisi de faire une élection de domicile, ou donne défaut contre lui en cas d'absence; puis, si tous les créanciers et le saisi sont présents, il rend compte à tous de la somme à distribuer; chaque production est ensuite vérifiée et admise, faute de contestation: après quoi le juge-commissaire clot son procès-verbal, en déclarant aux parties présentes que le réglement sera dressé sans retard sur les bases des productions non contestées et qu'ils seront informés de leur collocation. Le procès-verbal est signé par toutes les parties, le juge-commissaire et le greffier.

Si un créancier ayant produit ne se présente pas devant le juge-commissaire, il sera condamné à une amende de 25 fr. dont il pourra être relevé. Mais cependant s'il ne s'élève aucune contestation contre sa production, elle sera admise comme les autres.

662. Si un créancier averti ne produit pas, et ne se présente pas à la convocation devant le juge-commissaire, celui-ci, après avoir vérifié les autres créanciers présents, le condamne à l'amende et remet la réunion à quinzaine, et, par ordonnance mise en fin de son procès-verbal, charge l'avoué poursuivant, présent à la réunion, de sommer le défaillant, par huissier commis, d'avoir à produire dans ce nouveau délai de quinzaine, et de se trouver à la nouvelle réunion, à laquelle tous les créanciers présents devront se représenter également.

La sommation sera signifiée, à peine de nullité et de dommages-intérêts, dans la huitaine qui suit le permis de sommer, par l'huissier commis ou tout autre en cas d'empêchement signalé : l'original en sera annexé sans frais au procès-verbal ; cette signification restera à la charge du défaillant qui l'aura nécessitée, et prélevée sur sa collocation, ainsi que l'amende.

Tout créancier pourra cependant se dispenser de venir à la réunion devant le juge, s'il lui fait parvenir une déclaration légalisée, contenant renonciation expresse et sans réserves à toute collocation sur la somme à distribuer.

663. Au jour indiqué pour la deuxième réunion, qui ne peut plus être remise, si le créancier a produit et se présente devant le juge, sa créance est admise faute de contestation : elle le sera de même, quoiqu'il ne se présente pas, si d'ailleurs elle n'est pas contestée, mais alors l'amende prononcée la première fois ne pourra lui être remise. S'il n'a pas produit et ne se présente pas, il sera définitivement forclos de plein droit. Dans ce cas, le juge-commissaire clora comme ci-dessus son procès-verbal, après avoir pris acte de ce défaut, ou de la production admise.

Tout créancier non sommé qui se produirait avant la clôture du procès-verbal sera considéré comme averti de la réunion prochaine devant le juge-commissaire.

664. Dans tous les cas où un créancier aurait fait des réserves pour contester une production admise, ou encore si des créanciers ou le saisi ont fait défaut à une convocation. et que des productions aient été admises en leur absence, le procès-verbal sera, de leur part seulement, susceptible de contestation pendant dix jours, et restera à cet effet déposé au greffe pendant ce temps, à leur disposition, ainsi que toutes les pièces relatives à ces productions. Passé ce délai, les contredits ne seront plus acceptés ou seront nuls de plein droit, et le juge-commissaire procédera au réglement, comme si le procès-verbal avait été accepté par tous les intéressés.

665. S'il s'élève des contestations, le juge-commissaire renverra les parties à l'audience pour un jour fixe qui n'excèdera pas la quinzaine.

S'il est nécessaire d'assigner les contestés, ce délai sera toujours de quinzaine. sauf le cas prévu en l'art. 667 ci-après, dont le juge-commissaire tiendra compte, en augmentant le délai pour comparaitre à l'audience du temps accordé au saisi à raison des distances.

Ce renvoi sera prononcé séance tenante lorsque tous les créanciers et le saisi sont présents, et à l'expiration seulement du délai accordé pour contredire. s'il y a eu lieu de le laisser. Le juge-commissaire pourra renvoyer d'office à l'audience un créancier dont la production ne lui paraîtrait pas justifiée.

Toutefois, s'il y a lieu. il admettra définitivement les créances dont le paiement ne pourrait être affecté par le résultat des contestations soulevées, et fera, en ce qui les concerne, un réglement partiel de la contribution.

Tout dire de contestation sera inscrit sur le procès-verbal, et contiendra articulation des griefs: il sera signé par un avoué constitué à cet effet, et tiendra lieu de conclusions. Le tout à peine de nullité.

666. Seront seuls appelés en cause le contestant et le contesté, le saisi et l'avoué nommé d'office par le juge-commissaire pour représenter la masse des créanciers; le poursuivant ne pourra être appelé en cette qualité.

Le contestant devra suivre l'audience, et, s'il y a plusieurs contestations, le juge-commissaire désignera l'avoué qui en sera chargé ; ce sera celui de la masse dans le cas de renvoi d'office.

667. Les contestés et le saisi ne seront assignés que dans le cas ou le contredit aurait été soulevé en leur absence ou après la clôture du procès-verbal. L'avoué de la masse sera averti dans les quarante-huit heures de sa nomination, seulement par lettre du greffier; le bulletin de la poste indiquant l'envoi de cette lettre, sera annexé sans frais au procès-verbal.

Les contestés, s'il y a lieu, seront assignés au domicile élu dans leur production, et le saisi à domicile réel, faute d'en avoir élu seulement. Le tout à peine de nullité. Ils auront, pour comparaître, au moins dix jours, et le saisi aura, en plus, des délais de distance calculés à raison de dix myriamètres par jour entre sa demeure et le siége du Tribunal.

La procédure sera sommaire; les contestés et le saisi ne pourront faire aucune autre signification que des conclusions par simple acte.

668. Le jugement sera rendu sur le rapport du juge-commissaire, et les conclusions du ministère public: il ne sera pas susceptible d'opposition : il contiendra liquidation des frais.

La partie qui succombera sera condamnée en tous les dépens de l'instance, qui seront, s'il y a lieu, prélevés sur son dividende. Si c'est la masse des créanciers qui succombe, ils seront supportés par chacun d'eux dans la proportion de sa collocation. Le tout sans répétition contre le saisi.

Toutefois, si la contestation a été faite, soit entre parties dont l'une aurait fait défaut devant le juge-commissaire, soit après la clôture du procès-verbal, et qu'ainsi il ait été nécessaire de signifier un exploit d'ajournement, les frais de cet acte seront mis à part et laissés à la charge de celui qui les aura nécessités.

Les frais de l'avoué de la masse, qui aura suivi l'audience en cas de renvoi d'office, ne seront colloqués par privilége que si la créance contestée est admise par le tribunal, ou encore si un contredit mal fondé a été élevé par le saisi. Dans tous les autres cas, même celui d'insuffisance du dividende de la partie perdante, les frais de l'avoué de la masse seront prélevés sur le dividende des créanciers qu'il aura représentés, sauf recours de leur part contre la partie condamnée aux dépens.

Un créancier, même s'il gagne, pourra être condamné à des dommages-intérêts pour retard, négligence, production tardive de ses titres. Il en sera de même pour une contestation faite de mauvaise foi. Toute partie, même l'avoué de la masse, pourra demander au profit commun ces dommages-intérêts, qui pourront consister en tous les dépens. Ils seront prélevés sur le dividende en vertu d'une disposition spéciale du jugement.

669. La signification du jugement sera faite dans les trente jours à avoué seulement, à peine de nullité, par simple copie, quel que soit le nombre des parties de chacun ; si une partie a fait défaut, le jugement lui sera signifié au domicile élu par elle, et pour le saisi à son domicile réel, faute par lui d'en avoir élu. La signification fait courir les délais d'appel contre toutes les parties à l'égard les unes des autres.

Dans les trois jours de cette signification, le poursuivant devra en faire mention en un dire sur le procès-verbal.

L'appel sera interjeté dans les dix jours, plus un jour par dix myriamètres entre le domicile de l'appelant et le siége du tribunal.

L'acte d'appel sera signifié au domicile de l'avoué à peine de nullité, et pour le créancier défaillant n'ayant pas constitué avoué, au domicile par lui élu ; enfin pour le saisi à son domicile réel, à défaut seulement par lui d'en avoir élu. Il contiendra, sous la même peine, assignation et articulation des griefs, et il sera visé avant son enregistrement au greffe du tribunal ; le greffier devra aussitôt faire mention de cet appel sur le procès-verbal.

Ne pourront être intimées sur ledit appel que les parties dénommées en l'art. 666. Il n'est recevable que si la créance contestée excède 1,500 fr., quelles que soient d'ailleurs la créance du contestant et la somme à distribuer.

La Cour statue sur les conclusions du ministère public : l'arrêt contient liquidation des dépens, il est signifié dans les quinze jours de sa date à avoué seulement. Le poursuivant, dans les trois jours de cette signification, en fait déclaration par un dire sur le procès-verbal.

La signification de l'arrêt fait courir les délais du pourvoi en cassation.

670. En cas d'accord entre toutes les parties présentes devant lui, ou aussitôt après l'expiration du délai accordé pour contredire, enfin, s'il y a eu des contestations, après que la décision intervenue est devenue définitive, le juge-commissaire dresse le réglement de la Contribution.

Dans les trois jours de la signature, le greffier envoie à tous les créanciers, au saisi et à l'adjudicataire tiers-saisi, s'il y a lieu, une lettre chargée indiquant le dividende que chacun a obtenu. Ceux-ci seront admis à former opposition au réglement, mais sans pouvoir en attaquer les bases. Cette opposition sera formée, à peine de nullité, dans la huitaine de l'envoi des lettres, par un dire sur le procès-verbal, et portée à la huitaine suivante devant le tribunal, même en vacations, par simple acte d'avoué, ou, si les parties n'en avaient pas, par assignation au domicile élu, et quant au saisi, par assignation à domicile réel, faute par lui d'en avoir élu seulement. La cause est instruite sommairement et dans les formes indiquées ci-dessus.

Ne seront en cause que le saisi et l'avoué de la masse, s'il s'agit d'une simple rectification matérielle réclamée par l'opposant : s'il attaque la collocation d'un autre créancier, celui-là sera également appelé.

671. A l'expiration de la huitaine de l'envoi des lettres d'avis, et faute d'oppositions, ou dans la huitaine qui suivra le réglement rectificatif dressé en exécution de la décision intervenue, le greffier délivrera les extraits contre la Caisse, ou les bordereaux contre l'adjudicataire tiers-saisi.

Le réglement rectificatif, dressé en exécution du jugement rendu sur l'opposition, devra contenir un nouveau calcul des intérêts.

Il sera procédé à son égard ainsi que pour le réglement primitif.

672. Les intérêts des sommes admises en distribution cesseront du jour de la clôture du réglement.

Les frais de poursuite de la Contribution seront colloqués avant toute créance : ne seront considérés comme tels que les frais faits par l'avoué poursuivant seul, et pour la distribution elle-même des deniers saisis.

Si une nouvelle somme est arrêtée sur le même débiteur, et soumise à la distribution judiciaire entre les mêmes créanciers avant la clôture du premier procès-verbal, le juge-commissaire, par ordonnance mise sur celui-ci, joindra les deux distributions, et il sera procédé sur le tout.

Si l'avoué poursuivant avait apporté des retards dans la procédure, le juge-commissaire d'office, ou sur la réquisition d'une partie, pourra désigner un autre avoué, à qui le poursuivant devra remettre sans délai toutes les pièces ; le tout sans préjudice des dommages-intérêts dont il pourrait être responsable.

Telles sont les dispositions nouvelles que je proposerai pour remplacer le Titre XI du Code de Procédure. J'ai omis certains points, comme l'enregistrement du procès-verbal, la délivrance des certificats de non opposition, la forme des lettres d'avis et des sommations, qui pourraient faire l'objet soit d'un nouveau tarif, soit d'instructions ministérielles spéciales, qui seraient plus complètes que la loi ne pourrait jamais l'être elle-même, et d'ailleurs susceptibles de modifications, s'il était nécessaire.

Quant à réduire la longueur de ces articles proposés, je ne le crois pas possible, à moins de passer sous silence des dispositions importantes, ce que je n'ai pas cru pouvoir faire.

TABLE DES MATIÈRES

PREMIÈRE PARTIE.

DEUXIÈME PARTIE.

VERSAILLES. — IMPRIMERIE DE AUG. MONTALANT.

www.ingramcontent.com/pod-product-compliance
Ingram Content Group UK Ltd.
Pitfield, Milton Keynes, MK11 3LW, UK
UKHW021113260726
13994UKWH00002B/865

9 782329 401089